LES
COULISSES
DU MONDE.

GASTON DE KERBRIE,

PAR

LE Vte PONSON DU TERRAIL,

Auteur de la Baronne trépassée, etc.

2

PARIS,

BAUDRY, LIBRAIRE-ÉDITEUR

De Paul de Kock, Alphonse Karr, Léon Gozlan, Mme la comtesse Dash, Dumas,
Emm. Gonzalès, Mme Camille Bodin, Théophile Gautier, Méry, etc., etc.

32, RUE COQUILLIÈRE, 32.

LES
COULISSES
DU MONDE.

A LA MÊME LIBRAIRIE, EN VENTE.

NOUVEAUTÉS :

LES AMOURS DE BUSSY-RABUTIN,

Par Madame la Comtesse Dash,

Revue piquante de la première moitié du dix-septième siècle, élégant reflet des Conteurs de Cape et d'Épée de la place Royale ou de la Chambre bleue d'Arthénice (roman complet en 4 volumes in-8°).— PRIX NET : 15 fr.

FRANCINE DE PLAINVILLE,

Est une de ces études de la vie intime et de bonne compagnie, comme Madame Camille BODIN seule a le secret de les tracer.

Ouvrage complet, en 3 volumes in-8; — PRIX NET : 12 fr.

LA TULIPE NOIRE,

D'Alexandre Dumas père,

Renferme un des récits les plus drôlatiques, les plus poétiques et les plus attendrissants à la fois qu'ait jamais commis la plume de notre grand romancier.

Ouvrage complet, en 3 volumes in-8; — PRIX NET : 13 fr. 50 c

JEAN ET JEANNETTE,

De Théophile Gautier,

C'est-à-dire Watteau, Boucher et Crébillon fils; les Bergères à chignons poudrés et les Bergers en chemises de batiste, les talons rouges, les camaïeux, les glaces dauphines : en un mot, le dix-huitième siècle dans sa plus coquette afféterie, dans sa toilette la plus mignonne, et par-dessus tout cela, ce tour naïf, ce style brillant, cette allure primesautière de l'esprit qui ont conquis à M. THÉOPHILE GAUTIER une place si élevée parmi les littérateurs contemporains

Ouvrage complet, en 2 volumes in-8; — PRIX : 9 fr.

LES DEUX FAVORITES,

SUITE ET FIN

D'ÉSAÜ LE LÉPREUX, par Emmanuel GONZALES,

Cet habile et dramatique Walter-Scott des Chroniques espagnoles.

Ouvrage complet, en 3 volumes in-8; — PRIX : 13 fr. 50 c.

LES
COULISSES
DU MONDE.

GASTON DE KERBRIE,

PAR

LE Vte PONSON DU TERRAIL,

Auteur de la Baronne trépassée, etc.

2

PARIS,
BAUDRY, LIBRAIRE-ÉDITEUR

De Paul de Kock, Alphonse Karr, Léon Gozlan, Mme la comtesse Dash, Dumas,
Emm. Gonzalès, Mme Camille Bodin, Théophile Gautier, Méry, etc., etc.

32, RUE COQUILLIÈRE, 32.

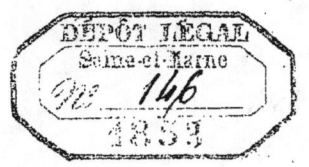

XXIV.

L'ATELIER DE PORNIC.

Il est un personnage qui fut l'un des héros de la première partie de notre récit, et que nous avons singulièrement négligé jusqu'ici dans la seconde : un gros joufflu plein de ruse sous son apparente bonhomie, qui eut, nous osons le croire, le privilége de vous amuser quelque peu avec ses façons brutales et son jargon breton. Nous voulons parler de notre ami Pornic.

Nous l'avons, il est vrai, entrevu une fois sur le boulevard des Italiens, mis comme un ambassadeur et propriétaire d'un réjouissant abdomen; nous l'avons aperçu peut-être au bois de Meudon le jour du duel de Bernard avec Gérard de Rempès; — mais voilà tout, à peine s'il a ouvert la bouche. Revenons donc à lui, si vous le permettez, d'autant que cela est indispensable pour expliquer sa présence, à cette heure matinale, dans la mansarde de Louise.

Bernard revint avec Pornic, après sa rencontre avec Gérard, et le suivit, rue Amelot, dans la maison de Perrussin dont, à cette heure, il était l'unique et légitime propriétaire.

Pornic y vivait avec le vieux Pelao depuis la disparition de Bernard et la fuite d'Aïcha. Pluton aussi, Pluton qui était vieux maintenant, mais dont les dents étaient toujours longues et terribles, Pluton aussi y avait élu domicile. Le pauvre chien était morose et grondeur depuis qu'il avait perdu son maître : il avait bien eu encore quelques bonds joyeux et quelques hurlements de satisfaction lorsqu'Aïcha caressait du bout de ses jolis doigts sa noire toison ; mais bonds et hurlements avaient cessé lorsqu'Aïcha avait déserté la maison.

Cependant la veille, jour où Bernard avait revu son vieux père pour la première fois, Pluton avait retrouvé sa joie et son activité : comme le chien d'Ulysse, il avait reconnu Bernard au flair et à la voix bien plus qu'à l'œil.

Lorsque Bernard rentra, le vieux Pelao, qui avait eu peine à reconnaître son fils, dormait profondément sur la chaise longue qu'il ne quittait plus guère.

Bernard prit un siége, se mit au coin de l'âtre...

Nous nous apercevons d'une faute énorme, — c'est cheminée que nous devrions dire, car Pornic avait un salon, ma foi! un magnifique salon avec du papier-velours et des meubles d'acajou. L'honnête garçon qui fabriquait du chêne sculpté trouvait que c'était trop laid et se souvenait que, dans son pays, il y avait beaucoup de meubles semblables... sans la sculpture.

Bernard, un bras en écharpe, alla donc s'asseoir auprès de la cheminée et dit à Pornic :

— Maintenant que voilà mon affaire terminée, tu vas me dire ce que signifiait l'autre jour ton fameux *Enfin suffit! je vous conterai cela.* Tu me dis même, je crois, que tu étais allé chez Karnieuc et que... Monsieur de Rempès nous interrompit.

— Ah! dit Pornic, voici : est-ce que le fils de Kerbrie était fils unique?

— Non, il avait une sœur, mais...

— Mais?

— Mais elle périt sans nul doute dans le naufrage.

— Hum! dit Pornic, pas sûr.

— Que veux-tu dire?

— Suffit! je m'entends. Faut vous dire, monsieur Bernard, que j'allais un jour chez Karnieuc pour escompter un effet de commerce : c'était un peu aussi pour rôder à l'entour de ce mauvais coquin et tâcher de savoir où avait passé le fils de Kerbrie ; car il le savait, lui, bien sûr...

— Parbleu! dit Bernard.

— Faut vous dire que Karnieuc était toujours poli et honnête avec moi, qu'on eût dit qu'il voulait m'emprunter de l'argent. Quand j'avais des affaires avec sa maison, il me recevait toujours lui-même et m'appelait monsieur Pornic par ci, monsieur Pornic par là, que c'était une bénédiction. Voilà que ce jour-là les domestiques, qui me connaissaient, me font entrer dans un beau salon et me disent :

Monsieur le baron a du monde, mais attendez là un moment...

Monsieur le baron, ça faisait suer ! Je m'assieds et j'attends. Son cabinet était à côté et donnait sur le salon. J'entendis crier confusément : mais voilà que je me rapproche un peu de la porte et j'entends une voix, oh ! une voix bien connue, celle de Bachelet.

— Bon ! que je me dis, quand deux coquins sont ensemble, c'est pas pour chanter vêpres ou dire dévotement la messe... Faut que j'écoute un brin ! Et je vas me mettre tout contre la porte et je pose mon oreille au trou de la serrure.

— Ah çà, disait Karnieuc, est-tu bien sûr que la petite a brûlé avec les autres ?

— Tiens, disait Bachelet, faut bien, on l'aurait revue, sans cela.

— Ça, c'est vrai, disait Karnieuc, mais c'est égal, si la sœur de Kerbrie revenait jamais, ce serait comme si c'était le frère qui est bien mort. Faudrait rendre.

— Après cela, continua Bachelet, on ne rendrait rien du tout, car elle ne connaissait pas son nom.

— C'est juste, fit Karnieuc.

J'en savais assez, je m'en allai sur la pointe du pied et je sortis.

— Monsieur s'en va? demanda le laquais.

— Je vais revenir, répondis-je, j'ai oublié ma traite, quoi !

— En sorte ? fit Bernard avec anxiété, en sorte que la sœur de Kerbrie...

— Je ne sais pas au juste ce qu'ils en avaient fait; mais il y avait du Bachelet là-dessous. Voilà qu'un soir, sur le boulevard, — c'était en hiver et il pleuvait, — une mendiante, qui tenait son enfant dans ses bras, me demanda l'aumône en pleurant,

— Monsieur, me dit-elle, j'ai bien faim et mon enfant aussi.

Je tire quarante sous, je les mets dans sa main et je la regarde. Jarnidieu ! je reculai : c'était le portrait du fils de Kerbrie tout craché, avec cette différence qu'elle avait les cheveux blonds et les yeux bleus.

Cela m'étonna si fort, que je fus un bon quart d'heure à me remettre, ce qui fait qu'elle me remercia et s'en alla sans que j'eusse songé à lui parler. Je revins plus de vingt fois de suite sur le boulevard et à la même heure, mais je ne la revis point. C'est égal, je travaillais toujours, je me disais : C'est la sœur de Kerbrie pour sûr, et jarnidieu ! enfin, suffit ! elle aura toujours un brin du magot.

— Et tu ne l'as plus revue ?

— Minute, mon brigadier, attendez donc ! L'autre jour, il n'y a pas longtemps de ça, ma foi ! c'était comme qui dirait avant-hier, je flânais dans la rue de La Harpe où j'ai une pratique mauvaise paye qui sort toujours matin et rentre toujours tard ; je flânais donc, guettant le môssieu, quand une femme passe près de moi. Elle ne mendiait pas, elle n'avait pas d'enfant, mais c'était bien elle. Je reste tout saisi un moment, mais ensuite je me mets à courir et je lui crie : Madame... madame... écoutez un peu, écoutez donc!... ouat! elle croit que je veux lui conter des bêtises, quoi! et elle file. Mais je cours après, et je la vois entrer dans une maison. J'entre avec elle, mais elle était déjà au troisième, que j'arrivais à la loge du concierge. J'allonge cent sous et je lui dis:

— Cette dame demeure-t-elle ici? — Oui, qu'il me fait. — Comment la nomme-t-on? — Louise.

— Et tu montas? demanda Bernard haletant.

— Nenni point, je tremblais trop. Et puis je me dis : Faut pas l'effaroucher, elle croirait que c'est des bêtises encore! et il vaut mieux revenir. Ça fait qu'hier j'y allais comme je vous ai rencontré, seulement, auparavant, j'étais allé...

— C'est bon, dit Bernard avec feu, marchons.

—Vaudrait mieux attendre à demain matin.

— Pourquoi donc ?

— Parce que c'est une ouvrière peut-être et qu'elle travaille dehors ; faut y aller matin.

— Attendons, dit Bernard avec résignation.

Et c'est pour cela que Bernard et Pornic n'arrivèrent à la mansarde de Louise que le lendemain matin après son départ.

Mais, avant d'aller plus loin, revenons sur nos pas quelques instants et entrons chez madame de Maucroix que nous avons laissée émue et frissonnante, se rejetant au fond de son alcôve à la vue d'Ali.

XXV.

UNE APPLICATION DE L'HOMÉOPATHIE.

Le jeune Indien produisit une secousse magnétique sur la belle comtesse. Elle eut le vertige.

Cet enfant entrevu à peine, aimé aussitôt qu'entrevu, pour qui elle éprouvait subitement une sympathie fiévreuse, une passion d'autant plus inexplicable qu'elle l'eût impitoyablement raillée chez une autre, cet enfant qu'elle voulait oublier à tout prix, fuir jusqu'au bout du monde s'il le fallait, cet enfant revenait inopinément, avec son sourire tentateur, ses lèvres humides et ingénument provocatrices, son œil profond et chastement passionné... il revenait, comme le démon de de la volupté s'asseyant, par une nuit d'insomnie, au chevet de la Madeleine repentante et lui déroulant avec une âcre complaisance la chaîne multicolore de ses faiblesses passées : — il revenait naïf et le regard baissé, chargé d'une mission vulgaire en apparence, mais qui détruisait à jamais, peut-être, les plans de vertu qu'elle s'était tracés après la nuit terrible que nous avons dépeinte naguère.

Ce mot de *vertu* que nous écrivons sans sourciller à propos d'une femme semblable à madame de Maucroix doit paraître au moins étrange à ceux qui ont suivi notre récit avec quelque attention et connaissent la comtesse, de longue date. Le mot *vertu* semble jurer avec le nom de celle qui se nommait jadis madame de Willermez.

Nous allons donc nous expliquer.

Au milieu de sa vie passablement tourmentée et criminelle, la comtesse n'avait jamais éprouvé qu'une seule passion qui, ardente et tenace, avait été le mobile de toutes ses actions et son but unique : l'ambition.

La comtesse n'avait jamais aimé. Non point cependant qu'elle n'eût ressenti, à divers intervalles, cet aiguillon mystérieux qui effleure ou déchire le cœur d'une femme jeune, belle et environnée d'une tourbe d'adorateurs ; mais parce que, jusque-là, elle avait envisagé l'amour comme un mal stupide qui énerve l'intelligence, détruit la volonté et asservit honteusement la femme.

L'amour de Gaston avait été pour elle

un sujet d'études psychologiques : elle s'était plu à le voir fouler aux pieds, à toute heure, l'énergie et l'activité, le talent et la haute intelligence qu'elle lui reconnaissait *in petto*, pour les mettre honteusement au service de sa passion. Elle l'avait vu pleurer...

Si les hommes savaient ce qu'ils perdent d'estime et de courage aux yeux d'une femme à pleurer devant elle, ils se feraient arracher les yeux pour ne verser jamais une larme !

Et madame de Maucroix avait toujours fui l'amour dans ce but : avec sa rare perspicacité, elle avait compris que du jour où son cœur ne lui appartiendrait plus, elle perdrait cette froide raison, cet esprit dominateur, à l'aide desquels elle avait constamment atteint son but.

— Pour cet Annibal en jupons, l'amour, c'était Capoue.

Et madame de Maucroix voulait devenir ministre, c'était là son unique *vertu*.

Car, de ces considérations vulgaires et

banales, que dans le monde on appelle mœurs conjugales, de ces scrupules puérils qui font reculer une femme devant l'oubli de ses devoirs, elle s'en souciait bien, vraiment! — Tromper ou ne point tromper M. de Maucroix, un homme qu'elle n'avait épousé que commerciallement parlant, cela signifiait-il quelque chose, s'il vous plaît?

— Madame, dit Ali de sa voix caressante et avec son accent créole, le prince, mon maître....

Madame de Maucroix eut un tressaillement d'impatience à mot de *maître*. Cette femme, qui n'avait jamais aimé, éprouvait déjà la susceptibilité ombrageuse de l'amour : elle s'indignait que l'homme qu'elle avait daigné remarquer eût un maître.

— Le prince, mon maître, poursuivit Ali, craignait que votre indisposition ne fût plus grave; mais je vois...

Il mentait, le naïf enfant, car il avait

les yeux baissés et ne les avait point levés encore sur madame de Maucroix.

— Votre maître est trop bon, répondit madame de Maucroix appuyant avec une certaine émotion ironique sur ce mot : *Votre maître.*

— Mon maître a de la vénération et du dévouement pour vous, madame, et il m'a chargé de l'excuser sur la manière dont il s'est conduit hier chez vous, en vous dérobant un poignard auquel vous teniez peut-être.

Si madame de Maucroix eût été de sang-froid, elle se fût souvenue, sans doute, du poignard, de l'usage qu'elle en avait fait et des raisons qu'elle pouvait avoir d'y tenir ; mais madame de Maucroix était émue, madame de Maucroix perdait la tête, et elle répondit au hasard :

— Je ne sais quel est ce poignard, mais je suis trop heureuse qu'il lui plaise.

— Et le prince serait heureux à son tour si vous daigniez, madame, accepter celui-là en échange et placer ces fleurs sur votre cheminée. Madame de Maucroix respira : Ali avait dit *le prince* et non point *mon maître;* comme lui, elle avait les yeux baissés, et n'osait le regarder ; mais elle les leva forcément quand il lui tendit le poignard et lui offrit le bouquet. Le bouquet eût valu mille francs, un jour de réception chez lord Normanby ; lord Byron l'eût payé un palais pour le pouvoir offrir à la batelière de Venise, sa dernière maîtresse.

Quant au poignard, c'était un chef-d'œuvre de finesse et d'opulence ; une lame d'Orient trempée à l'air, damassée au burin, et emprisonnée dans une gaîne de pierres fines.

Mais madame de Maucroix ne prit garde ni au bouquet, ni au poignard, elle ne vit que l'œil d'Ali ; — car Ali, à son tour, avait osé la regarder, et ces deux yeux se heurtant produisirent une étincelle qui pénétra ardente et implacable au plus profond du cœur de la comtesse.

Elle prit les deux objets machinalement, balbutia quelques mots sans suite dont, sans nul doute, madame de Willermez se fût impitoyablement raillée jadis s'ils eussent été dans la bouche de Gaston, et se prit à trembler sous le moelleux et chaud peignoir que sa femme de chambre avait, une heure auparavant, jeté sur ses épaules frileuses.

Et malgré elle, comme l'oiseau fasciné contemple le serpent charmeur, elle attachait son regard sur Ali, qui, les yeux baissés de nouveau, se sentait mal à l'aise et souhaitait de se retirer ; car Ali, hâtons-nous de le dire, Ali était entré comme un profane dans ce sanctuaire de femme empli de tièdes et mystérieux parfums ; aucun soupçon de son cœur n'en avait troublé le calme, aucun tressaillement magnétique ne l'avait agité.

Ali songeait à une femme pourtant, mais cette femme n'était point madame de Maucroix. L'enfant revoyait avec les yeux du souvenir ce groupe charmant des deux sœurs enlacées et pressées la veille comme un groupe de Pradier, et laissant, les nonchalantes, traîner leurs bras de neige sur le velours des sophas.

Et tandis qu'il se taisait sous le poids du regard de madame de Maucroix, celle-ci se disait mentalement :

— Il faut que je parte, il le faut absolument, je ne veux point devenir folle.

Mais pendant que sa tête parlait ainsi, son cœur murmurait à son tour :

— Je ne partirai pas, c'est impossible !

Alors dans ce cerveau d'airain surgit tout-à-coup une pensée étrange, une de ces idées machiavéliques dont seule peut-être elle était capable, une idée que nous traduirons imparfaitement par cette phrase :

— On peut traiter l'amour par l'homéopathie, je ne partirai pas... et je veux me guérir !

Et, tout aussitôt, la raison chancelante de la belle comtesse reprit son énergique stabilité, le sang-froid lui revint et elle dit à Ali :

— Voulez-vous, mon enfant, vous charger d'un petit message pour le prince ? Asseyez-vous.

Ali s'inclina sans répondre et s'assit dans la ganache de la comtesse qui se trouvait roulée près du lit.

Madame de Maucroix sonna, demanda son pupitre et écrivit le billet suivant :

« Mon cher prince,

» Vous avez des façons orientales d'un
» magnifique auprès duquel nos habitudes
» et nos manières européennes sont mes-
» quines et misérables : vous me volez un
» objet sans valeur et vous m'envoyez des
» fleurs délicieuses et des rubis par poignées
» sous forme de poignard. Accepter est
» impossible, refuser me paraît plus im-
» possible encore, car c'est vous blesser...
» que faut-il donc faire? — Vous seriez
» mille fois trop aimable si vous vouliez
» bien venir me le dire dans mon château
» de Kerbrie pour lequel je pars dans une

» heure. C'est un vieux manoir *plein de*
» *caractère et de cachet,* comme disent les
» gens de lettres, mais passablement triste.
» Vous seul pouvez y dissiper les ennuis
» de ma villégiature d'automne. Ne me
» donnerez-vous pas quinze jours? Les
» chambres sont en vacances, les diplo-
» mates pêchent, les orateurs chassent le
» sanglier dans les Ardennes, qu'aurait à
» faire un ambassadeur? puisque vous êtes
» si prodigue de vos saphirs et de vos pier-
» res fines, ne soyez point avare de vos
» heures de loisir...

» Je mets mes deux mains à la disposi-
» tion de vos lèvres.

» COMTESSE DE MAUCROIX.

» P. S. Bien que l'histoire du tigre, ra-
» contée par votre jeune Ali, m'ait horri-
» blement effrayée, je tiens à ce que vous
» me l'ameniez : je veux m'accoutumer
» aux récits dramatiques. »

Le but et la signification de cette lettre étaient dans ces dernières lignes. La pensée secrète d'une lettre de femme est toujours, comme on sait, dans le *post-scriptum*.

Madame de Maucroix plia et cacheta le billet avec un sang-froid méthodique et le tendit à Ali avec la plus gracieuse nonchalance. Ali s'inclina et se dirigea silencieusement vers la porte.

Elle le suivit du regard ; puis quand la portière de damas fut retombée entre elle et lui, la belle comtesse laissa glisser sur ses lèvres un sourire. Ce sourire était diabolique.

———

M. de Maucroix entra.

— Comment vous trouvez-vous ce matin, ma belle amie ?

— Très-bien, mon ami. Et j'ai songé que j'avais un excellent remède.

— Lequel?

— L'air de la campagne.

— C'est juste. Où voulez-vous aller, chez moi ou chez vous? En Touraine ou en Bretagne?

— A Kerbrie.

— Quand partons-nous?

— Aujourd'hui, si c'est possible.

— Vous me l'avez dit cent fois : le mot impossible n'est pas français.

— Hum! pensa madame de Maucroix, on dirait presque qu'il a de l'esprit aujourd'hui.

— A propos, dit-elle tout haut, j'ai invité le prince indien à venir nous joindre.

— Quelle folie!

— Si j'étais plus sage, m'aimeriez-vous?

Madame de Maucroix accompagna ces mots d'un adorable sourire :

— Non, dit le comte radieux.

— Eh bien! alors, allez préparer mon départ.

Il lui baisa la main et sortit.

Mais il était dehors à peine, que la porte s'ouvrit brusquement de nouveau, et Bachelet entra sans se faire annoncer.

Il était pâle et très-ému, et il n'avait point sa culotte de nankin, le cher homme !

On eût dit qu'il venait de faire un mauvais rêve.

XXVI.

Le fait est qu'il avait passé une assez mauvaise nuit, et nos lecteurs en connaissent même une partie. Nous allons leur apprendre l'autre :

Il avait descendu l'escalier quatre à quatre, et se trouvait dans la rue avant que la portière eût eu le temps de mettre le nez à son guichet pour voir qui sortait aussi matin.

Et puis, une fois dans la rue, il se mit à courir de plus belle, et gagna promptement son charmant entresol de la rue Vieille-du-Temple.

Arrivé chez lui, il se laissa tomber abasourdi et mourant sur son canapé de velours d'Utrech, et il prit sa tête dans ses mains pour réfléchir un instant.

Sa porte était bien close, il avait poussé tous les verrous. Il alla chercher des pistolets et un poignard. Il posa tout cet attirail de guerre devant lui et il réfléchit encore.

Rien ne rend le calme et le sang-froid aux hommes de courage tels que Bachelet comme une porte solidement ferrée et verrouillée et de bons pistolets chargés jusqu'à la gueule. Ah! s'il les avait eus chez Louise!

Le pauvre homme eut bien de la peine

d'abord à mettre un peu d'ordre dans ses idées : cette diable de nuit avait été si orageuse ! Il porta plusieurs fois la main à son cou pour se convaincre que la fameuse corde n'y était plus, il retourna trois fois à la porte, s'assurer que le fer des verrous était de bonne qualité : il enleva les amorces des pistolets pour voir si la poudre descendait bien dans les cheminées.

Et puis il réfléchit de plus belle.

Sa première réflexion fut celle-ci :

— Si elle me dénonce, je suis arrêté dans une heure, il faut filer.

La seconde fut celle-ci :

— Puisqu'ils m'ont laissé partir, c'est qu'ils ne me dénonceront pas.

Voici la troisième :

— Mais s'ils ne me dénoncent pas, comme c'est toujours gênant de savoir en bonne santé des gens qui ne vous aiment pas, je pourrais bien trouver peut-être un moyen honnête de m'en débarrasser.

Le brave homme ! il y songeait déjà.

— Dans tous les cas, poursuivit-il, le

mieux est d'aller voir madame de Maucroix. Je suis si démoralisé aujourd'hui que je ne suis plus bon à rien. Satanée corde, va !

Et dire que c'est mon fils qui me l'a passée au cou. Un fils assassiner son père ! En quel siècle vivons-nous, mon Dieu ! Et faut-il être malheureux pour avoir mis au monde un enfant aussi pervers ! Moi qui me suis ruiné pour lui ! pour lui faire donner de l'éducation : latin, grec, musique, philosophie et tout le tremblement, je n'ai rien épargné... je me suis ôté le morceau de la bouche, quoi ! Et j'avais compté sur lui pour en faire quelque chose, un agent de change ! Et puis ce mariage ! continua-t-il les larmes aux yeux, tout cela est perdu, ruiné... J'avais tant compté là-dessus !

Bachelet s'arrêta à cette dernière pensée avec la complaisance douloureuse de l'amant qui pleure ses belles et fraîches illusions, hélas ! envolées, les pauvres petites, et n'ayant laissé dans ses mains qu'une fleur flétrie ou une mèche de cheveux noués d'un cordon fané et qu'il se plaît à contempler avec un amer sourire.

— La comtesse consentait, murmurait-il, et puis n'eût-elle pas consenti, j'ai quelque part une certaine lettre...

Tiens ! mais au fait, s'écria Bachelet, cette lettre est toujours bonne, ma foi ! Oh ! il me vient une idée... il faut que j'aille chez la comtesse.

Et, tout bouleversé encore, Bachelet fourra les pistolets dans sa poche, ouvrit son secrétaire et ensuite son portefeuille, y prit une lettre graisseuse et jaunie et souffla sa bougie, car le jour déjà entrait à flots dans *son salon*.

Il s'en alla rasant les murs, se retournant à chaque minute, tressaillant quand il apercevait un tricorne d'agent de police, se sentant défaillir au bruit d'un sabre de garde municipal traînant sur le pavé, et faisant un soubresaut si, par hasard, il voyait venir à lui, de loin, un jeune homme blond et joufflu qui eût la moindre ressemblance avec Xantippe. Cette misérable corde lui trottait singulièrement par la tête !

Et, tout en combinant un petit plan de chantage à l'adresse de sa bienfaitrice, la comtesse de Maucroix, le pauvre homme se disait :

— Cela me coûte pourtant soixante-seize francs, cette maudite nuit ! Et il me semble que mon fils, qui fait tant de phrases sur l'honnêteté et la probité, aurait dû songer à me les rendre. Canaille, va !

C'est en discourant ainsi et en tremblant passablement que le débile vieillard arriva chez madame de Maucroix.

Celle-ci le toisa avec une certaine impatience dédaigneuse et lui dit :

— Avez-vous oublié qu'on se fait annoncer chez moi, maître Bachelet?

— Ma foi ! dit-il insolemment, je l'avais oublié. Mais quand ça presse...

— Qu'est-ce qui presse?

— Voilà ! la sœur de Gaston vit encore.

Madame de Maucroix tressaillit.

— Elle est à Paris, poursuivit Bachelet.

— Ah! mon Dieu!

— Elle m'a reconnu et me dénoncera sans doute.

Madame de Maucroix, agitée un moment, redevint calme :

— Savait-elle son vrai nom?

— Elle ne le saura probablement jamais.

— Alors, c'est bien.

— Comment, c'est bien?

— Sans doute. Elle ne nous réclamera pas son héritage. Laissons-la en paix.

— Mais moi? elle me poursuivra comme l'assassin de sa mère!

— Eh bien! sauvez-vous. C'est votre affaire.

— Ah! dit froidement Bachelet, c'est comme ça que vous le prenez? Eh bien! si on m'arrête, je dirai tout.

— Bah! dit la comtesse, on ne vous croira pas.

— Possible, mais j'ai une lettre.

— Quelle lettre?

— Celle où vous me donnâtes vos instructions.

— Imprudence! murmura la comtesse à part soi. Voulez-vous me vendre cette lettre?

— Je viens tout exprès pour cela.

— Quelle somme vous faut-il?

— Dame! écoutez, j'avais toujours pensé à l'une de vos demoiselles pour mon fils.

La comtesse eut un sourire de mépris.

— Mais, continua Bachelet, voyez-vous, c'est une canaille que ce garçon-là, et j'ai réfléchi. J'avais compté que vous donneriez cent mille francs à la petite... mais puisque le mariage ne se fait pas... je vous donnerai la lettre pour le même prix.

— Juif! fit-elle avec dégoût.

— Oh! je suis honnête, allez; car je pourrais bien vous en demander un demi-million.

— C'est bien. Je ne vous demande aucune explication. Donnez-moi ce pupitre.

Bachelet plaça le pupitre devant la comtesse.

Elle prit une plume et un petit carré de papier sur lequel elle écrivit de sa plus charmante écriture les cinq mots que voici :

Bon pour cent mille francs.

Puis elle mit au bas : Payable chez M. le baron Karnieuc, et elle signa, puis montra le carré de papier à Bachelet.

— C'est tout ce qu'il faut, dit-il, voilà votre lettre. Il était loyal, le digne homme !

— Allumez cette bougie, continua la comtesse.

Bachelet obéit, elle lui prit le flambeau des mains et en approcha la lettre qui se consuma lentement jusqu'à la dernière parcelle.

Bachelet avait toujours le mot pour rire quand il avait maille en poche.

— On voit, dit-il, que madame la comtesse est plusieurs fois millionnaire, elle brûle cent mille francs comme un chiffon de rien du tout.

La comtesse retroussa dédaigneusement la lèvre et ne répondit pas.

— En attendant, poursuivit Bachelet, je vais aller toucher mes chiffons et puis prendre de l'air sur un chemin de fer quelconque. Il ne faut pas plaisanter.

— Mon Dieu! fit la comtesse avec une nonchalance hautaine, allez-vous-en donc, maître Bachelet, vous me fatiguez.

— Ah! pensa le digne usurier, maintenant qu'elle ne me craint plus, elle me chasse. Ça m'est bien égal, j'ai mon argent.

Et il sortit en saluant très-bas.

— Vipère, dit la comtesse, je t'ai brisé les dents. Maintenant, tu vas voir comment je punis les insolents.

Et elle écrivit quatre lignes sans signature, qu'elle fit porter à l'adresse du préfet de police et qu'on laissa chez le concierge de la rue de Jérusalem.

— Gagne la frontière si tu peux, murmura-t-elle.

— La chaise de poste de madame la

comtesse attend! vint dire un laquais.

La comtesse sonna, se fit habiller et monta en voiture avec son mari.

Le comte murmura à part lui :

— Quand serai-je ministre?

La comtesse, elle, murmura un nom ; ce nom, elle le prononça tout bas, si bas que nul ne l'entendit, excepté nous, pourtant, qui vous le confions :

C'était celui d'Ali !

XXVII.

OSMAN-BEY.

Le mystérieux personnage que nos lecteurs connaissent, l'ambassadeur magnifique du rajah de Singapour, et que nous n'avons encore vu chez lui que dans ce petit château renaissance aux portes de

Paris, dans lequel il avait donné un déjeuner homérique aux convives du salon grenat, — habitait, en ville, un charmant hôtel entre cour et jardin, situé rue de Provence.

C'est là que nous le retrouverons, s'il plaît à nos lecteurs, le lendemain du dîner que lui avait donné madame de Maucroix et à la fin duquel elle s'était trouvée mal.

Il était neuf heures.

Le prince venait de se lever et de passer dans un cabinet de travail qui donnait sur le jardin.

L'ameublement de cette pièce n'avait rien d'oriental et rappelait vaguement celui de l'appartement qu'occupait jadis Gaston de Kerbrie, l'auteur dramatique, dans la rue Labruyère. Point de divans orientaux, point de coussins, aucune natte : mais de grands fauteuils de chêne sculpté, un canapé en velours noir, un bahut du XVIe siècle et une table chargée de livres. Sur la cheminée une pendule en marbre noir avec un sujet en marbre blanc et des candelabres d'un prix fou et d'un style sévère. Un trophée d'armes blanches rappelait seul la chaude contrée d'où venait l'ambassadeur.

Le prince était en robe de chambre, le cigare aux lèvres, nonchalamment étendu dans un fauteuil et les pieds croisés sur les chenets. Mais sa pensée était loin de se plier à l'indolente attitude de son corps, et son front plissé annonçait une méditation profonde.

— Ah çà! se dit-il tout-à-coup qu'est donc devenu Bernard? Voici deux jours que je ne l'ai vu.

Comme si ces mots eussent produit l'effet d'une invocation mystérieuse, la porte s'ouvrit soudain et Bernard entra :

— Ah! fit le prince, te voilà, mon ami!

— Oui, monseigneur.

— D'où viens-tu?

— Monseigneur, j'ai bien des choses à vous apprendre.

— Voyons?

— D'abord, regardez mon bras.

— Qu'est-ce donc? le bras en écharpe?

— Oh! une misère d'égratignure; un coup d'épée sans conséquence.

— Avec qui t'es-tu battu?

— Avec Gérard de Rempès.

— Le fils du colonel! toi?

— Parbleu! c'est un jeune fou.

— Qu'importe!

— Il m'a insulté.

Le prince fronça le sourcil.

— Est-ce que tu ne te sais pas assez brave, que tu aies encore recours à un enfantillage comme le duel?

— Aussi n'est-ce qu'à mon corps défendant. Je lui ai, pour ainsi dire, fait des excuses sur le terrain. C'est fort, il me semble.

— Tu trouves? fit Osman-Bey avec un sourire dédaigneux. Et quelle est la cause de cette stupide rencontre?

— Oh! presque rien! Il voulait me prouver que Karnieuc est un honnête homme.

— C'est fort, dit le prince froidement Ce garçon-là aime donc à soutenir le paradoxe?

— Non pas. Il est amoureux de la fille de Karnieuc.

— Eh bien, fit Osman-Bey avec un sourire terrible, je le plains, car son beau-père et sa femme sont condamnés d'avance.

— Le père, bien ; mais la fille ?

— Mon cher, continua froidement le prince, je n'aime point à revenir sur les décisions prises.

— Vous êtes donc implacable?

— Quand on a souffert comme j'ai souffert, mon maître, on a le cœur mort au pardon.

— Mais... balbutia Bernard.

— Mon pauvre ami, fit Osman-Bey avec son sang-froid menaçant, je crois que tu as mal dormi cette nuit, va te reposer.

— Attendez, fit Bernard, je n'ai pas tout dit.

— Qu'est-ce encore ?

— Vous aviez une sœur...

— Oui, s'écria le prince avec une émotion subite, j'avais un père, j'avais une mère aussi. Demande à l'Océan ce qu'il a fait de l'un, à madame de Maucroix ce qu'elle a fait des autres.

— La mer n'engloutit pas toujours.

— Que veux-tu dire ? ma mère...

Et le prince s'arrêta ému.

— Votre mère est morte : votre sœur vit.

— Ma sœur vivrait ?

— Elle est à Paris.

— A Paris ! à Paris, dis-tu ?

Et il se leva frissonnant d'espoir et l'œil brillant.

— Où est-elle ? s'écria-t-il.

— Je ne sais.

Et Bernard raconta ce que lui avait dit Pornic, puis sa visite matinale à la mansarde qu'ils avaient trouvée vide, et enfin il lui tendit un petit médaillon sans valeur, qu'il avait trouvé sur une table et que, dans sa fuite précipitée, Louise avait oublié.

— Ma mère ! s'écria le prince, je la reconnais !... Oh ! c'est elle ! Mais ma sœur, où la retrouverai-je ?

— Avec les indices que nous avons, c'est facile. Il faut écrire au préfet de police.

Le prince sourit de dédain.

— Ma police est mieux faite que celle du roi des Français, dit-il, à quoi bon ? Je vais donner des ordres. Ma sœur ! ajouta-t-il tout bas avec enthousiasme, retrouver ma sœur. Oh ! la chère enfant de Dieu, dans mon cœur endolori et brisé, que d'amour il y aurait encore pour elle !

Le prince n'acheva pas, on annonça :

— Madame la comtesse de R...

Le prince congédia Bernard du geste, alla recevoir la comtesse et la conduisit au coin de la cheminée, auprès de laquelle il roula une ample ganache.

—Vous me pardonnerez, madame, lui

dit-il avec une extrême courtoisie, de vous avoir dérangée si matin.

— Oh prince... fit la comtesse d'un air aimable.

— Au reste, continua-t-il, j'ai peu de chose à vous confier. Voici ce dont il s'agit : Monsieur le colonel comte de R... votre mari, est le frère du marquis de R...

La comtesse fit un signe d'assentiment.

— Lequel marquis de R... est pair de France.

— Oui, dit la comtesse d'un geste.

— Le marquis a de magnifiques usines dans la Nièvre. On dit même que le comte de Maucroix, qui a des propriétés dans le même pays, lui a offert plusieurs fois de les lui acheter.

— Sans doute, dit la comtesse, mais mon mari s'est toujours opposé à ce marché.

— Votre mari a toute influence sur l'esprit de son frère?

— Oh! sans doute.

— Et vous, ma chère comtesse, vous avez, je le devine, toute influence sur l'esprit de votre mari.

La comtesse fit une ravissante petite moue :

— Oh! dit-elle, ceci est beaucoup moins certain. Ce n'est pas que le comte me refuse jamais quelque chose, mais enfin...

— Vous êtes mille fois trop modeste, le comte est à vos genoux et ne fait que ce qu'il doit. Vous serez donc assez aimable pour obtenir de votre mari que son frère cède ses mines à son collègue le comte de Maucroix. J'y compte.

La comtesse s'inclina et se leva.

— Ah! mon Dieu! fit le prince, n'aviez-vous pas un camée pour retenir votre châle? il va vous échapper faute d'une agrafe.

— En effet... je l'aurai perdu dans ma voiture...

— Attendez, madame, voici une modeste épingle qui suppléera.

Et le prince prit dans un écrin tout ouvert une superbe agrafe de diamants qu'il offrit à la comtesse.

Elle la prit en rougissant et se retira.

On annonça presque aussitôt après :

— Madame de Mauvers.

La réfugiée était simplement mise, mais elle entra, comme chez le baron Karnieuc, avec ses grands airs et son sourire dédaigneux.

— Déjà ? fit le prince.

De dédaigneux, son sourire devint amer et railleur.

— Vous avez donc vraiment bien peu de confiance en moi ? dit-elle.

— Oh ! quel soupçon...

— Il a dîné chez moi hier soir.

— Très-bien. Reviendra-t-il ?

— Aujourd'hui.

— Et le prince ?

— Je lui ai fait comprendre ce matin même qu'il avait un urgent besoin d'aller faire ses vendanges en Languedoc.

— Parfait. Recevez-vous mon intendant aujourd'hui ?

—Oh ! fit la réfugiée, croyez-vous qu'on me paye ainsi en détail ? Je ne tirerai jamais sur vous pour moins d'un million à la fois.

Le million est à votre disposition.

— Plus tard.

— Connaissez-vous la comtesse de Maucroix?

— Je l'ai connue beaucoup.

— C'est une femme adorable.

— Pardon, *c'était*.

— Soit. La trouvez-vous spirituelle ?

— Autant que moi.

— Capable de nuire ?

— Plus que moi, ce qui est difficile.

— L'aimez-vous ?

— Allons donc ! mon cher, exclama madame de Mauvers, est-ce que j'aime quelqu'un, moi ? Une femme, surtout ?

— Madame de Maucroix est d'une réputation inattaquable.

— Si l'on veut...

— On ne lui connaît pas d'intrigue dans le monde.

— Amoureuse, non. Cela tient à ce qu'elle n'a pas de cœur.

— Vous pourriez vous tromper; et je crois qu'à l'heure qu'il est elle en donne la preuve.

Un éclair jaillit des yeux fauves de madame de Mauvers :

— Vous croyez? fit-elle avec vivacité.

— J'en suis presque certain.

— Oh ! fit madame de Mauvers, si cela était, je ne serais plus la seule à être frappée d'ostracisme.

— Que voulez-vous dire ?

— Je veux dire, mon prince, fit-elle avec un sauvage sourire, je veux dire que madame de Maucroix était au nombre des femmes qui composèrent l'espèce d'aréopage qui me bannit du monde ; et que si madame de Maucroix a le malheur d'aimer, elle aura beau cacher son amant, elle aura beau envelopper son amour de mystère et de silence, je découvrirai l'un et l'autre et je la traînerai à mon tour sur la claie d'infamie où ils m'ont étendue en plein soleil.

— Vous êtes vindicative, chère belle ?

— Moi ? non. Je n'ai d'ennemis que la société tout entière. Je me suis prise à souhaiter souvent comme Néron ou le cardinal Richelieu, un jour qu'on sifflait sa tragédie, que les myriades de femmes qui papillonnent dans le moindre salon de la rue Vanneau à la rue de Provence n'eussent qu'une seule tête, ou plutôt qu'une seule joue, pour que je pusse laisser tomber dessus ma mule de satin ou mon éventail.

— Eh bien ! dit le prince avec un sourire, nous vous donnerons quelque jour une joue à frapper, belle tigresse.

Le sourire qui glissa alors sur les lèvres d'Osman-Bey fut si froid et si terrible que madame de Mauvers elle-même ne put s'empêcher de lui dire :

— Tenez, vous êtes non moins implacable que moi, peut-être même davantage.

— C'est fort possible, répondit tranquillement le prince.

— Savez-vous qu'il est heureux que nous ne nous soyons jamais rencontrés autrefois?

— Pourquoi?

— Parce que, inévitablement, je vous eusse aimé ou vous m'eussiez aimée.

— Eh bien?

— Eh bien! dans l'amour, il est rare qu'il y en ait deux qui aiment.

— Ce qui veut dire...

— Qu'il y a toujours une dupe.

— Très-bien. Et la dupe...

— La dupe eût été sans pitié le jour où elle n'aurait plus aimé.

— Je le crois assez. Mais si j'eusse été la dupe, moi...

— Oh! fit le prince, rassurez-vous, chère belle, il est impossible, en amour, de duper une femme comme vous.

— Flatteur!

— Et vous, comment avez-vous pu l'être?

— Hélas! madame, c'est tout simple. Les femmes, même celles qui aiment avec le plus de passion, ont toujours en amour une clairvoyance que nous n'avons jamais.

— C'est juste. Mais après?

—Oh! après, le jour où nous nous vengeons, les rôles changent.... surtout, ajouta le prince, quand la femme aimée jadis est de la force de Laurence.

— Je la connais.

— Vous croyez?

— Sans doute : c'est madame de Maucroix.

— C'est fort possible; mais nous en causerons plus tard. Pour le moment, il faut vous contenter de mes premières instructions.

— Ah çà, dit la comtesse, savez-vous que notre position respective est au moins étrange?

— Comment cela?

— Nous sommes deux ici, je suis femme, je suis belle, — ce n'est point vanité, croyez-le, — mais on me l'a tant répété que j'ai fini par le croire.

— Après? dit le prince avec un sourire.

— Vous êtes jeune, beau, spirituel, il serait logique de vous voir à mes genoux demander le droit de m'obéir.

— Dois-je m'y mettre?

— Quelle mauvaise plaisanterie! Au lieu de cela, nous causons froidement comme deux alliés; de nous deux, il en est un qui est l'esclave de l'autre, et cet esclave, c'est moi!

— Erreur! vous êtes l'esclave de votre haine.

— C'est juste! vous et votre or n'êtes que le moyen.

Oh! de l'or! ajouta-t-elle avec un ironique sourire, avec de l'or je voudrais acheter le monde.

— Et quelques planètes, dit froidement le prince.

Madame de Mauvers se leva.

— Adieu, dit-elle, n'oubliez pas que vous m'avez promis une joue.

— Vous l'aurez, soyez tranquille.

Il la reconduisit jusqu'à la porte, où elle croisa Ali.

— Oh! le bel enfant! dit-elle au prince, comme elle eût dit : la belle statue!

— Vous trouvez?

— Ce serait à faire regretter de n'avoir plus de cœur.

— Eh bien! souffla tout bas le prince, c'est lui qu'elle aime.

Madame de Mauvers eut un sourire d'admiration.

— C'est sublime! murmura-t-elle. Adieu encore.

Le prince rentra chez lui, où Ali lui remit le billet de la comtesse. Il le lut attentivement, froidement, et il se dit, comme nous le disions naguère:

La pensée d'une femme est dans le post-scriptum d'une lettre. Voyons : amenez-moi Ali. Très-bien.

Il sonna, Bernard parut.

— Que te semblerait, lui dit-il, d'un voyage en Bretagne ?

— En Bretagne !

— Oui, à Kerbrie.

— Que voulez-vous dire, maître ?

— Rien que de fort simple. Nous partons dans une heure pour le château de Kerbrie, où madame de Maucroix daigne m'inviter une quinzaine.

Bernard frissonna :

— Maître, dit-il, je commence à croire que votre vengeance sera terrible.

— Vous êtes fou, mons Bernard, répondit le prince avec son sourire implacable, vous ne rêvez que drames et tragédies. Où voyez-vous une vengeance dans une simple villégiature de quinze jours ?

— Oh ! murmura Bernard, j'ai eu tort de vous parler de vengeance, vous irez plus loin que je ne le voulais...

— Tu es un maître fou. Fais-moi préparer des relais sur la route de Bretagne.

Le prince écrivit deux lignes et les fit porter rue des Martyrs.

— Je désirerais, continua le prince, placer cette somme dans la maison de banque Karnieuc et compagnie.

— Hum ! murmura le jeune Aubertin, je ne conseille pas à monseigneur.

— Je ne reçois pas de conseils, répondit sèchement le prince. Vous vous entendrez avec le baron Karnieuc, vous négocierez le placement en mon nom et vous viendrez toucher les fonds vous-même chez mon intendant.

Charles Aubertin s'inclina.

— C'est tout, dit le prince en le congédiant.

— Voilà, dit-il, quand le jeune homme fut parti, trois millions dont madame de Mauvers fera un excellent usage.

Et son rire glacé glissa encore une fois sur ses lèvres.

La porte s'ouvrit de nouveau : — c'était le hussard du salon grenat qui entrait.

— Ah ! fit le prince ; avez-vous quelque chose à m'apprendre ?

— Oui, monseigneur : le patron se dérange...

— Comment cela ?

— Depuis deux jours il est comme fou.

— Quelle en est la cause ?

— On dit qu'il a une maîtresse.

— Bien. Et cette maîtresse se nomme ?

— Je ne sais.

— Il faut le savoir.

— Je le saurai. En attendant, il dépense des sommes folles. Ce matin encore, il a pris 20,000 fr. dans la caisse.

— Vous lui annoncerez un placement de fonds considérable aujourd'hui même.

— Fait par qui ?

— Par moi.

— Lui indiquerai-je l'époque ?

— Dans un mois. Vous lui donnerez mon nom pour garantie.

Et le prince congédia le hussard comme il avait congédié l'agent de change, et, seul encore, il se dit :

— Maître Kerkarakadec, vous fûtes un notaire complaisant : le diable et moi aidant vous deviendrez faussaire. Je dis le diable, car je n'avais point encore songé à vous donner une maîtresse.

On apporta une carte au prince. Sur cette carte se trouvaient le nom et les titres que voici :

« Charles-Édouard de Saint-Pierre, docteur en médecine, correspondant de la Société médicale de Bruxelles, de la Société orthopédique d'Anvers, de la Société chirurgicale de Bruges, de la Société ophthalmologique de Vienne, etc., etc. »

— Voilà, se dit le prince, un médecin qui a beaucoup de titres et pas un malade. Faites entrer.

C'était le docteur de Molière.

— Docteur, dit le prince, vous n'avez pas de malade à l'extrémité ?

— Non, monseigneur.

— Je vous prends pour mon médecin particulier. Je vous emmène en Bretagne.

— Au bout du monde si monseigneur le désire.

— Les chevaux sont mis, dit Bernard en reparaissant.

— Eh bien ! fit le prince, partons. J'ai hâte de voir ce manoir de Kerbrie dont me parle si modestement la comtesse de Maucroix. Ce doit être un palais de fée. En route, docteur !

Tout en causant avec le docteur, le prince s'était fait habiller, et c'est ainsi qu'il se trouva prêt, quand Bernard vint annoncer que les chevaux étaient mis.

Le costume du prince était simple comme toujours : une veste brune à boutons de diamants, un pantalon de cachemire, un turban vert avec une émeraude fixant une petite aigrette blanche : — c'était tout.

Il ne portait pas de cimeterre et n'avait qu'un simple poignard à la ceinture : ce poignard était celui que madame de Maucroix avait, la veille, accroché près de sa cheminée.

— Venez, docteur, dit le prince, je vous emmène un peu loin et votre campagne sera de quinze jours. Je ne vous offre pas de place dans ma berline, car elle n'en contient que deux, celle d'Ali et la mienne, mais vous monterez dans la calèche de mon secrétaire et vous arriverez au château de Kerbrie en même temps que moi, à quelques heures près. Je n'aime pas aller lentement.

Le docteur s'inclina en signe d'assentiment, mais Bernard s'approcha du prince et lui dit en indien :

— Je voudrais bien rester une heure de plus à Paris.

— Pourquoi cela ?

— J'ai promis à Gérard de Rempès d'aller le voir, ce matin même.

— Reste, dit le prince. Docteur, remerciez le hasard qui vous donne le temps de faire votre malle un peu plus à votre aise, et ne vous oblige point à partir sans valise. Vous avez une heure devant vous.

Le docteur saisit avec empressement la petite latitude qu'on lui accordait, et sortit pour aller chercher deux douzaines de faux-cols.

La cravate blanche était la cravate obligée du docteur d'autrefois ; le docteur moderne a adopté le faux-col. Un jeune docteur sans faux-col est un livre sans reliure : le faux-col est l'empois de sa science; celui-ci avait frissonné en songeant qu'il passerait quinze jours dans une campagne, privé de ce meuble anglo-parisien de très-bon goût, dit-on, mais parfaitement incommode.

Le prince s'appuya sur le bras d'Ali et se dirigea vers la porte ; sur le seuil, il se trouva face à face avec une femme dont le voile était baissé.

— Va-t-en, dit-il à Ali, et attends-moi.

Il offrit la main à la dame inconnue et rentra avec elle dans son cabinet.

Là elle releva son voile, et le prince reconnut l'actrice de la Porte-Saint-Martin, la pauvre femme qui avait osé lui parler d'amour quand il parlait or et argent à tous.

— Vous, ici ? dit le prince étonné.

— Pourquoi pas ? répondit-elle avec un sourire mélancolique. Je viens à vous, Gaston, sans haine et sans colère, quoique vous m'ayez insultée.

— Moi ? je vous ai insultée !

— Sans doute. Je vous ai dit que je vous aimais, Gaston, vous m'avez repoussée froidement, et je suis partie, dévorant mes larmes. Mais ce dont je viens me plaindre, c'est que vous ne m'avez ni jugée ni comprise, me traitant comme une femme vulgairement intéressée dont on se débarrasse avec des cadeaux. Vous m'avez envoyé des diamants et des cachemires, de l'or et des perles, Gaston, et chacune de ces choses m'a arraché une larme de honte et de douleur :

— Il me méprise donc bien ! me suis-je dit.

Tous vos envois sont là-bas, Gaston, un commissionnaire a tout rapporté ; reprenez tout et ne m'humiliez plus. Adieu !.

Et elle fit un pas pour sortir.

Gaston alla vers elle, lui prit la main et lui dit :

— Pourquoi ne les accepteriez-vous pas comme venant d'un frère ?

— On n'aime pas un frère, d'amour...

— L'amour ! encore l'amour ! s'écria le prince avec colère; mais regarde-moi bien, malheureuse femme, vois mon front qui se plisse et mon œil qui étincelle, vois le sourire amer de mes lèvres, et dis-moi si j'ai dans le visage autre chose que l'expression du désespoir et du dédain... Hé bien ! cependant... si je devais aimer une femme, ce serait toi...

Elle poussa un cri de joie.

— Oh ! merci, dit-elle, merci, Gaston.

XXVIII.

EN ROUTE.

Qu'il nous soit permis de faire un pas en arrière et de retourner chez Gérard de Rempès, au moment où, recevant la lettre d'Alix qui refusait son sacrifice et lui annonçait sa fuite, le malheureux jeune homme s'appuyait, défaillant, à un guéridon.

Cette première secousse passée, le lion se prit à réfléchir et finit par se prouver que le mal était moins grand qu'il ne paraissait l'être. Il suffisait de retrouver Alix pour vaincre sa généreuse obstination.

Retrouver Alix ! — Ce n'était pas très-facile, il est vrai, car Paris est un vaste Océan qui ne rend point toujours les trésors qu'il engloutit et recèle.

Mais Gérard était puissant, Gérard, au besoin, pouvait à Paris remuer ciel et terre, et mettre les cent yeux de la police au service de son amour.

Amour et *police* ! Ces deux mots, en se présentant à son esprit, lui parurent jurer étrangement, il en ressentit un dégoût suprême. Initier le préfet de police dans les secrets de son cœur, faire traquer par un agent ignoble la femme qu'il aimait... c'était presque révoltant !

Gérard le comprit et se dit :

— Je n'emploierai ce dernier moyen que lorsque tous les autres seront épuisés.

Il avait un vieux serviteur, un de ces hommes qui naissent et meurent au service d'une famille et croient lui devoir tout ce qu'ils ont, abnégation, intelligence et vie tout entière ; il sonna et le fit venir :

— Tu connais, lui dit-il, mademoiselle de la Lande ?

— Oui, monsieur le vicomte.

— Mademoiselle de la Lande s'est enfuie du toit paternel. Il faut que tu la retrouves avant huit jours.

— Je la retrouverai, dit tranquillement le serviteur.

— Maintenant, pensa Gérard, vivre en France est désormais impossible et pour elle et pour moi. Il faut que nous allions nous cacher en quelque coin obscur du monde, aussi loin que la terre aura de retraites mystérieuses où n'arrivent jamais les bruits du monde et les propos honteux qui déshonorent le nom qu'elle a porté.

Quand je l'aurai retrouvée, nous partirons pour les Indes ou l'Amérique. Je vais tout vendre en France, me détacher complétement de ce sol ingrat où les enfants courbent la tête sous l'ignominie paternelle.

Il appela de nouveau le vieux serviteur :

— Je pars demain matin, dit-il, je vais en Normandie. Tu feras vendre mes chevaux de trait et mes chiens de chasse. Tu renverras avec une indemnité l'*américaine* que Thomas-Baptiste m'a envoyée hier matin, et tu vendras ma berline et mon landau. Quant à mon coupé, tu l'enverras à Blidah. Tu feras conduire ma jument Frisette chez M. d'Eparny, et Ibrahim, mon étalon arabe, dans les écuries de M. de Restaud.

— Mais, dit le serviteur étonné, monsieur le vicomte part donc pour longtemps?

— Pour huit jours d'abord; pour toujours ensuite.

— Oh! ciel!

— Tu me retiendras dans un hôtel

garni un appartement pour quelques jours, afin que je sache où descendre à mon arrivée. Quant à mon mobilier, tu le vendras excepté les panoplies, les pipes et quelques bronzes que je te désignerai. Tu en partageras le prix à mes gens.

Gérard se fit alors apporter du papier et des plumes, et écrivit les deux billets suivants :

« Mon cher d'Eparny,

» Je vais faire un tour chez moi, en
» Normandie, je crains que Frisette ne
» devienne fourbue en mon absence et je
» te l'envoie. Je ne puis te fixer l'époque
» de mon retour, uses-en donc à ton gré, et
» si tu ne me revois pas de longtemps,
» garde-la en souvenir de moi. J'aban-
» donne également cette pauvre Blidah;
» si cela peut te convenir, je te laisse mes
» pleins pouvoirs.
» A toi,

» GÉRARD. »

« Mon cher notaire,

» Un long voyage m'oblige à vous rede-
» mander les fonds que je vous ai confiés.
» Soyez assez bon pour me les tenir prêts
» d'ici à huit jours.

» À vous,

» GÉRARD DE REMPÈS. »

Ce dernier billet portait pour suscription : *A Mc Kerkarakadec, notaire, rue de Choiseul.*

— Ah! mon Dieu! se dit Gérard, j'allais me conduire comme un procureur : je n'écrivais pas à Blidah. On peut, sans forfaiture, quitter une maîtresse, mais être grossier avec elle, c'est lacérer son blason.

Et Gérard écrivit ces quelques lignes :

« Je vais me promener dans l'Inde,
» chère belle ; c'est un rude voyage, et vos

»pieds de Chinoise ne résisteraient point
»aux ronces de la route. Je vous avais
»confié une parcelle de mon cœur, gar-
»dez-la. Quant à celle du vôtre, que vous
»m'aviez donnée jadis, je ne sais trop si
»vous ne me l'avez point reprise : dans
»tous les cas, je vais la chercher et la con-
»serverai comme une relique... si je par-
»viens à la trouver.

» Je baise vos ongles roses.

» GÉRARD. »

P. S. « Vous paraissiez vous plaire à
» ma villa d'Enghien, je suis heureux de
» vous l'offrir. J'ai, en outre, chez moi,
» quelques balivernes qui vous séduiraient
» peut-être : venez un de ces jours, mon
» valet de chambre vous introduira et
» vous lui ferez porter chez vous ce qui
» pourra vous tenter.

» Adieu encore. »

Gérard relut cette lettre.

— Il n'y a que le *post-scriptum* qui ait le sens commun, se dit-il, le reste est bête comme de la littérature de petits journaux.

Il sonna; Pétrus, le valet de chambre, parut.

— Drôle, lui dit Gérard, lis cette lettre et refais-la.

Le valet lut la lettre avec beaucoup d'aplomb et répondit :

— C'est parfait.

— J'abhorre les compliments, mons Pétrus. D'ailleurs, je me pique fort peu de littérature, et je ne vous ai pas fait faire mes vers pendant deux ans pour que vous refusiez de regratter ma prose. Mettez-vous là et écrivez. Vous laisserez le *post-scriptum* tel quel.

Pétrus s'assit, sans mot dire, devant le bureau de son maître, et écrivit douze lignes d'un méchant marivaudage assaisonné de quelques bergeries, que nous n'osons reproduire par déférence pour le bon sens en général et pour l'esprit de notre héros en particulier,

Gérard prit le billet et le lut.

— Cela vaut moins encore, mais c'est plus tendre ! les femmes préfèrent le style ampoulé. Il ouvrit un tiroir, y prit un rouleau de billets de banque, les mit sous la même enveloppe et murmura :

— Un notaire ne manquerait point de de mentionner ceci dans le *post-scriptum*.

— Parbleu ! dit audacieusement Pétrus, ces gens-là ne sont pas nés !

— L'êtes-vous davantage, mons Pétrus ?

— Sans doute, monsieur le vicomte, mon père était chez le prince de Talleyrand, et mes aïeux étaient valets de chambre chez le duc de Richelieu. Je suis de bonne livrée.

Quand toutes ces lettres furent prêtes, Gérard les jeta sur son bureau et dit à Pétrus :

— Tu les feras porter demain avant

mon départ. Tu m'accompagnes. Envoie-moi Williams.

Williams arriva aussitôt.

— Maître faquin, lui dit Gérard, madame la comtesse de R... désire depuis longtemps vous avoir. J'ai refusé jusqu'à présent de vous céder, parce vous ne pesiez que quarante-trois livres et cinquante grammes; mais j'ai changé d'avis, et vous passerez à son service aujourd'hui même. Pétrus est chargé de régler vos gages.

Le groom pleurnicha dans sa manche.

— Un groom ne doit point pleurer, fit Gérard en haussant les épaules; le cœur pèse, et tout poids inutile fait d'un jockey un mauvais cavalier. Sèche tes larmes.

Et il lui jeta un louis.

Le groom le ramassa, salua et s'enfuit avec l'agile souplesse d'un chat.

—Tu demanderas des chevaux de poste pour dix heures du matin, dit Gérard à Pétrus. Déshabille-moi.

Gérard quitta le costume dans lequel il s'était battu le matin, et se mit au lit.

Alors sa gaieté factice disparut, et il redevint soucieux et rêveur, murmurant :
— Où est-elle ?

———

Le lendemain, jour du départ du prince indien et de madame de Maucroix, se rendant tous deux à Kerbrie, Gérard de Rempès roulait sur la même route, se dirigeant sur Lonray, petit village situé au nord-ouest d'Alençon et à une lieue duquel se trouvait son manoir héréditaire.

Gérard était triste, il rêvait, allongé dans sa chaise, et, durant le cours de cette journée monotone de voyage, il essuya plus d'une larme furtive qui lui vint involontairement aux yeux.

L'amour est un sentiment qui, au dire des poètes, élève l'âme; nous ne le contestons pas, mais il détruit peu à peu l'esprit, ce feu d'artifice du cerveau, l'insouciance, cette philosophie pratique, la gaieté, ce bâton de voyage qui rend le chemin de la vie moins pénible; et il a, selon nous, le tort immense de prêter aux plus mesquines agitations, aux situations les plus vulgaires, un je ne sais quoi de solennel qui se rapproche infiniment du ridicule. Les amoureux ont une certaine manière de draper leur manteau, certains mots qui sentent la rhétorique, certaines allures qui donnent une physionomie tragique à leurs moindres gestes.

L'amour fait dire une foule de sottises en vers et en prose... mais plus particulièrement en vers. Il est vrai, nous dira-t-on, que Gérard avait sur ses confrères en soupirs cet immense avantage de faire faire ses vers et même sa prose à son valet de chambre; mais Gérard était amoureux cependant, et le bout de l'oreille s'échappe toujours de quelque part.

Ce n'était point la crainte de ne pas retrouver Alix qui l'attristait à cette heure ; il était assuré de la revoir ; il croyait à son amour, il répondait de son bonheur futur ; mais ce qu'il regrettait, ce qui lui arrachait une larme de vague mélancolie, c'était tout ce passé brillant, cette existence dorée qu'il abandonnait sans retour, ce sceptre de la mode qui lui glissait des mains, cette vie nonchalante et pleine de fastueuses raffineries qu'il avait menée quatre ou cinq ans, cet exil volontaire du monde auquel il se condamnait, à un âge où le monde a de si enivrantes séductions pour ces enfants gâtés du hasard qui arrivent au milieu de lui par la porte de l'opulence.

Ce qu'il regrettait encore à cette heure, c'était peut-être ce castel de ses pères, ce manoir féodal où ses aïeux avaient vécu, où ils étaient morts, et qui recélait dans ses caveaux leurs tombes cerclées de fer, enfermant leurs corps bardés de la pesante armure des chevaliers. Ce qu'il regrettait surtout, c'était cette route aimée et connue, cette route bordée de grands peupliers et de trembles qu'il avait parcourue tant de fois, et ces plaines immenses couvertes de pommiers où jadis il allait, enfant capricieux, sauter sur la croupe nue de quelque étalon pris à l'improviste qui bondissait de colère sous son hardi cavalier...

Gérard songeait à toutes ces choses, quand une émotion nouvelle vint chasser celles-là. Il était quatre heures du soir environ, et il venait d'arriver à Mesle, au relais de la poste.

— Vite, des chevaux, dit-il, s'apercevant qu'on l'avait mené doucement et qu'il n'arriverait pas chez lui avant la nuit close.

— Il n'y en a pas, répondit sèchement le maître de poste.

— Comment, il n'y en a pas? s'écria Gérard avec une explosion d'étonnement hautain.

— Non, monsieur le vicomte, répondit le maître de poste qui le connaissait parfaitement.

— Mais c'est impossible !

— Si peu impossible que la comtesse de Maucroix vient de passer à l'instant, et...

— Combien a-t-elle pris de chevaux ?

— Deux.

— Il doit vous en rester au moins trois...

— Il m'en reste même quatre.

— Eh bien ! maroufle !

— Eh bien ! monsieur le vicomte, ils sont retenus.

— Et par qui ?

— Par un prince.

— Les princes d'aujourd'hui, à moins qu'ils ne soient fils de roi, sont de très-petits seigneurs...

— Pas celui-là, car il paye bien.

— Quel est ce prince ?

— Un ambassadeur indien, dit-on.

— Pardieu ! s'écria Gérard qui, malgré sa mauvaise humeur, ne put s'empêcher de rire, si c'est celui que je soupçonne, il faudra bien qu'il me cède ses chevaux.

— Il ne vous les cédera pas.

— C'est ce que nous verrons. Quand arrivera-t-il ?

— Dans dix minutes au plus. Et tenez, entendez-vous un bruit de roues du côté de Mortagne ?

— Eh bien ! fit Gérard, voyons !

C'était, en effet, le prince qui arrivait avec une vitesse prodigieuse, et dont la chaise toute poudreuse s'arrêta devant le relais, presque à côté de celle de Gérard qui stationnait forcément.

Le lion quitta son poste d'observation, s'avança sans précipitation vers la berline, jeta un regard rapide dans l'intérieur et aperçut Osman-Bey qu'il reconnut parfaitement à son costume encore plus qu'à son visage, car la seule fois qu'il eût eu l'occasion de le voir, et c'était à l'ambassade ottomane, il était beaucoup plus occupé d'Alix que du prince, et l'avait à peine regardé.

Il s'approcha plus près encore, salua

courtoisement, mais sans aucune déférence, et dit au prince :

— Vous me voyez, monsieur, dans un embarras fort grand, et je n'hésite pas à m'adresser à vous.

— Que désirez-vous de moi, monsieur? demanda le prince avec un ton d'égale courtoisie.

— J'arrive de Paris, je me rends dans mes terres à quatre lieues d'Alençon, et je me trouve ici forcé de m'arrêter faute de chevaux. Les seuls qui se trouvent à l'écurie ont été, me dit-on, retenus pour vous.

— Vraiment? demanda le prince.

— Or, poursuivit Gérard d'un ton léger, mon nom ne vous est probablement point inconnu, monsieur, car vous m'avez détrôné il y a trois jours.

Le prince ouvrit de grands yeux.

— J'étais ce qu'on nomme à Paris le *lion du jour*, on daignait s'occuper de mes folies et parier pour mes chevaux. Vous êtes arrivé, l'attention universelle s'est portée sur vous et j'ai dû vous abandonner mon sceptre.

Le prince regarda Gérard attentivement.

— Alors, monsieur, dit-il tranquillement, vous êtes le vicomte de Rempès?

— Précisément, dit Gérard en s'inclinant. Or, vous devez, ce me semble, à un adversaire malheureux une légère concession.

— Je suis tout à votre service.

— Je ne sais où vous vous rendez, mais il est probable que vous traverserez Alençon. Dans ce cas, je vous demanderai une place dans votre chaise...

— Ah! monsieur, fit le prince, vous n'aviez pas même besoin de demander une pareille bagatelle. J'allais vous l'offrir.

— En outre, poursuivit Gérard, j'ai appris hier soir que la comtesse de Maucroix, ma rivale en fashion, vous avait eu à dîner une heure auparavant; me refuser ce que vous lui avez accordé serait indigne de la courtoisie indienne. Vous me permettrez donc de vous détourner de votre route pour une nuit et de vous offrir l'hospitalité dans mon manoir patrimonial.

Le prince fronça le sourcil et réfléchit une minute, puis soudain son front se dérida et il répondit :

— J'accepte, monsieur le vicomte. Mais comme je me rends en Bretagne chez la comtesse de Maucroix, dont vous me parliez naguère, vous trouverez bon que j'envoie en avant mon jeune compagnon de route pour la prévenir et m'excuser de ce manque d'exactitude.

Ce fut au tour de Gérard à examiner attentivement le prince.

— Parbleu ! s'écria-t-il, monsieur, vous parlez le français comme un Blaisois; seriez-vous, par hasard, quelque Français venu d'Orient pour mystifier ses crédules compatriotes ?

Le prince sourit.

— Dans tous les cas, dit-il, je serais un peu brun pour un fils du Nord.

— On se teint.

— Regardez mes ongles...

Gérard prit la main ferme et nerveuse du prince, aperçut le sillon bleuâtre et s'inclina :

— Vous êtes une énigme, dit-il.

— Ali, dit le prince, à cheval ! et route de Kerbrie.

Cinq minutes après, le jeune Indien était en selle, montant le meilleur et le plus ardent des quatre chevaux qui se trouvaient à la porte.

— Est-ce loin ? demanda-t-il.

— Cinquante lieues.

— Combien dois-je crever de chevaux ?

— Un par poste, si tu veux, pourvu que tu arrives en dix heures.

Ali sourit avec fierté, serra les genoux et partit, courbé sur sa selle, faisant étinceler les cailloux de la route que heurtaient les sabots ferrés de son cheval, lancé au triple galop.

Gérard regarda avec une certaine admiration ce charmant cavalier dont le pantalon rouge et le burnous blanc tranchaient avec une sauvage harmonie sur la robe d'ébène de sa monture, il le suivit des yeux jusqu'à ce que la brume de l'horizon le lui eût dérobé; puis il se retourna vers le prince et lui dit :

— Vous êtes décidément un conte des *Mille et une nuits*, mis à la portée des simples mortels et surtout des voyageurs que menacent une chambre d'auberge et un souper brûlé.

La chaise du prince s'ébranla au galop des trois chevaux qui restaient, et roula bruyamment vers le château du lion parisien.

XXIX.

L'ORAGE.

Madame de Maucroix s'appuya sur le bras de son mari et descendit avec lui dans la cour de l'hôtel. La chaise de poste attendait.

— Ah! mon Dieu! dit soudain madame de Maucroix, mais j'y songe, nous ne pouvons pas partir !

— Comment cela ?

— J'ai reçu hier matin un mot du président du conseil qui vous attend aujourd'hui.

— Diable ! fit M. de Maucroix, voilà qui dérange vos plans d'hygiène.

— Sans doute, mais votre portefeuille avant tout. Faites ôter les chevaux. Dieu ! que je souffre !

Et madame de Maucroix porta la main à son front avec un geste de douleur.

— Eh bien ! je vais écrire au ministre, nous partirons et je le verrai un autre jour.

— Du tout : je veux que vous soyez ministre vous-même, et il ne faut pas faire de fautes. Au fait, je puis bien partir seule.

— Y pensez-vous ? un pareil voyage !

— Ah çà, cher, suis-je donc peureuse et femmelette ?

— Non, sans doute.

— Alors laissez-moi partir et restez à Paris avec vos filles.

— La campagne leur serait pourtant fort salutaire.

— Je n'en disconviens pas. Seulement, vous oubliez qu'elles sont arrivées il y a deux jours et que les faire repartir ainsi est au moins ridicule et semble les assujétir à mes moindres caprices.

— Vous avez raison. Elles resteront.

— Très-bien. Maintenant je vais vous tracer votre plan de conduite. Si le ministre vous sonde sur votre secrète façon de penser en politique, faites-lui comprendre que, par vos principes, vos tendances et surtout vos affections, vous tenez à la légitimité; mais que vous vous faites cependant peu d'illusions et que vous ne demandez qu'une raison plausible, un motif sans réplique pour vous séparer de vos amis politiques, qui entassent faute sur faute, et vous rapprocher d'un gouvernement qui, s'il n'a pas vos sympathies, vous paraît vivement préoccupé des intérêts du pays, et vous semble, à ce titre, mériter le concours de tous les hommes d'ordre, d'énergie... et d'intelligence.

Madame de Maucroix sourit imperceptiblement à ce dernier mot.

— Admirable ! dit le comte émerveillé. Vous êtes la femme forte de l'Écriture.

— Vos comparaisons bibliques sont de mauvais goût, mon très-cher ; la femme forte devait avoir les mains rouges : regardez les miennes.

Et elle tendit, en montant lestement en voiture, sa main fine et blanche, garnie d'ongles superbes, au comte qui la baisa le moins gauchement qu'il lui fut possible.

— Niais ! murmura la comtesse, tandis que la berline de voyage s'ébranlait.

Madame de Maucroix avait ainsi trouvé le moyen de se débarrasser de son mari qui l'ennuyait, et de ne point emmener ses filles qui la gênaient peut-être également.

Madame de Maucroix adorait la vitesse, elle avait toujours pris en pitié ces millionnaires mesquins qui ménagent leurs chevaux et ne font que quatre lieues à l'heure : elle en faisait toujours six et souvent sept, se croyant déshonorée quand elle arrivait, sans chevaux crevés, au terme de la route.

Aussi, bien qu'Alençon, au dire de Vosgien, se trouve à quarante-sept lieues de Paris, madame de Maucroix l'atteignit avant la nuit, et se trouva à neuf heures du soir au-delà de Damigny.

La journée avait été magnifique, quoique un peu fraîche, les bises de septembre avaient balayé la poussière blanche des grands chemins, et les arbres, déjà dépouillés d'une partie de leur feuillage, avaient tamisé de bénins et caressants rayons de soleil sur la route de la belle voyageuse.

Madame de Maucroix était seule dans sa berline. Ses femmes venaient après elle dans une autre voiture; et, si nos lecteurs s'étonnent de cet isolement de tous soins, nous leur ferons observer que madame de Maucroix avait toujours aimé la solitude, et depuis vingt-quatre heures plus que jamais, si nous nous souvenons des événements qui avaient eu lieu depuis sa première entrevue avec le prince indien et le jeune Ali.

Dire ce qui se passa, durant cette journée, dans le cœur et l'esprit de la comtesse, est assez difficile. Madame de Maucroix, nous l'avons dit, n'avait jamais aimé; son cœur était aussi vierge que son esprit était corrompu; elle était blasée par la tête, naïve et pleine d'émotions par le cœur.

Depuis le dernier parti qu'elle avait adopté, son amour ne lui apparaissait plus comme un fantôme repoussant tenant un fouet d'une main et des chaînes de l'autre, mais bien comme un de ces palais arabes que renferment les contes des *Mille et une nuits*, destinés à abriter les pèlerins au milieu du désert, et qui s'écroulent quand le visiteur reposé en franchit le seuil pour continuer son chemin.

Elle n'avait jamais eu d'autre but, d'autre jouissance que l'ambition ; le hasard lui fournissait une distraction d'une heure. Une heure elle voulait bien oublier les soucis cuisants de l'ambition pour se reposer et sommeiller, le bras arrondi, sous le portique de l'amour. Après, elle oublierait l'oasis ; après, elle reprendrait sa marche vers les sommets ardus de la politique et le désert aride du monde ; après, elle se lèverait et poursuivrait sa route, l'œil impassible et la lèvre hautaine, sans détourner une seule fois la tête et regarder en arrière, sans même accorder un regret ou un souvenir à l'enfant que peut-être elle aurait conduit au désespoir par la porte dorée de l'amour.

Elle songea à tout cela, sans doute ; elle rêva délicieusement et longtemps, la belle comtesse, tandis que la berline roulait bruyante et rapide au milieu des plaines fertiles et des pommiers de la Normandie.

Et puis, comme une intelligence comme la sienne devait posséder au plus haut degré le sentiment de l'art et que son imagination n'était point dépourvue d'une certaine poésie sensitive, commune d'ailleurs à toutes les femmes en dehors du vulgaire, elle s'oublia jusqu'à admirer la riche nature qui se déroulait devant elle. — un moulin rustique babillant au flanc d'un coteau sous un rideau de saules pleureurs, une villa coquette qu'une main d'artiste ou de Parisienne avait élevée et dissimulée au milieu d'un bouquet de marronniers... Qui sait même si elle ne rêva pas une minute deux mois de solitude et de charmant mystère sous ce feuillage épais qui ne redirait rien aux brises babillardes de ce qu'il aurait vu ou écouté?

Vers le soir, la berline s'arrêta une heure à Alençon. Madame de Maucroix trempa ses lèvres dans un consommé d'auberge qu'elle rejeta avec une grimace expressive et peu flatteuse pour l'hôtelier, demanda un biscuit et un doigt de madère, avala prestement le tout, et repartit.

Mais le soleil s'était couché rouge et sans rayons dans un sanglant linceul de nuages, le vent du nord-ouest s'éleva peu après, et bientôt les grandes forêts avoisinantes de la route laissèrent arriver aux oreilles de l'intrépide voyageuse ce bruit sourd et empli de vagues menaces qui annonce un orage nocturne.

Madame de Maucroix avait emmené avec elle deux domestiques mâles : — un valet de chambre, comparse qui n'a que faire dans notre récit, et notre vieille connaissance, le nègre à cheveux blancs.

La berline arriva vers neuf heures à Damigny. Le tonnerre commençait à gronder sourdement, parfois un éclair déchirait la voûte plombée du ciel qui laissait échapper quelques larges gouttes de pluie.

Au relais qui se trouvait à un quart de lieue de Damigny, le maître de poste dit à madame de Maucroix :

— Vous feriez bien de vous arrêter ici, madame, car dans une heure l'orage sera terrible et vous surprendra en pleine campagne.

— Sans compter, ajouta le postillon, que si vous n'atteignez pas le Sarthon auparavant, vous ne pourrez plus passer.

— Et pourquoi ? demanda-t-elle avec beaucoup de calme.

— Parce qu'il a plu ces jours derniers, et que le Sarthon déjà gros pourrait bien passer au-dessus du pont s'il est enflé par un nouvel orage.

— Bah ! dit madame de Maucroix, il faut du temps pour cela.

— Oui, fit le maître de poste, si c'était une grande rivière : mais ces méchants *biez* (ruisseaux), qu'on passe à pied sec en été, s'enflent à l'automne et montent de deux toises en dix minutes.

— Quelle distance y a-t-il d'ici au Sarthon ?

— Deux lieues de pays.

— Ce qui veut dire cinq lieues de poste. Très-bien ! Combien de temps avons-nous encore d'ici à l'orage ?

— Une heure au plus.
— Vos chevaux sont-ils bons?
— Oui, madame. Mais cependant...
— Cependant, continua le postillon, moi je refuse de partir; parce que, voyez-vous, il y a le saut du Sarthon qui est à deux pas de la route, et si nous manquons le pont...
— Qu'est-ce que le saut du Sarthon?
— Un précipice de cent pieds, au fond duquel roule le torrent.
— Et le pont est tout près?
— A cent cinquante mètres au plus.
— Alors je ne vois pas comment nous pouvons nous tromper?
— Tout naturellement, madame; la route longe un ruisseau qui se jette dans le Sarthon. Ce ruisseau sort souvent de son lit à la moindre pluie et couvre la route, de sorte que les chevaux ont de l'eau jusqu'à la cheville pour gagner le pont. Le ruisseau s'étend dans une assez grande largeur et pendant un quart de lieue on ne voit qu'une immense nappe d'eau. Si l'on

prend à droite on est sauvé, mais si le courant ou l'obscurité font dévier à gauche, la mort est certaine, car une pente des plus rapides se trouve soudain sous les pas des chevaux que la voiture pousse malgré eux et qui, obligés de prendre le galop, ne peuvent plus se retenir à la lèvre du gouffre.

Madame de Maucroix fronça le sourcil.

— Je crois que vous exagérez un peu, dit-elle.

— Et moi j'en suis sûr, dit soudain une voix derrière le postillon. C'était le nègre dont une pensée infernale venait de traverser le cerveau.

— Ah! dit madame de Maucroix, qui avait toute confiance en son vieux serviteur, vous croyez, Neptune?

— Depuis que madame la comtesse se rend à Kerbrie, je passe là deux ou trois fois par an, et j'y passerais les yeux fermés.

— Eh bien, dit le postillon avec humeur, passez-y, moi je reste.

— Soit, répondit le nègre, je conduirai ; si Germain a peur, qu'il reste aussi...

Germain descendit sans mot dire du siége où Neptune venait de monter triomphant.

— Madame... madame... insista le maître de poste suppliant, je vous en conjure, ne partez pas... La nuit est profonde, il y a toujours du brouillard sur le Sarthon, c'est à la mort que vous allez...

La comtesse hésita, et fut sur le point de se rendre ; mais soudain le galop d'un cheval retentit sur la chaussée, un cavalier rasa la berline avec la vitesse de la foudre et, à la lueur des fanaux, la comtesse eut le temps d'apercevoir le burnous de cachemire et l'œil étincelant d'Ali.

— Ali ! Ali ! cria-t-elle avec une sorte de terreur.

Mais Ali n'entendit pas, Ali volait emporté sur la croupe d'un hardi étalon, semblable, avec son burnous blanc et son pantalon rouge, à un démon d'une légende bretonne, portant un message de satan à quelque châtelain damné ! Alors, la seule pensée généreuse qui eût peut-être germé chez elle se fit spontanément jour dans son cœur et elle se dit avec un accent d'effroi :

— Le malheureux ! il est perdu !

Et tout aussitôt elle se rejeta au fond de la berline, et cria à Neptune :

— Fouette, fouette ! il faut rattraper ce cavalier.

Neptune eut un féroce ricanement, il enveloppa les chevaux d'un vigoureux coup de fouet, se disant avec une joie sauvage :

— Il y a bien longtemps, — bien longtemps que j'attends... et c'est une belle mort que l'eau... on souffre beaucoup....

Et la berline se trouva emportée avec une vitesse fantastique, et, sous les lanières du fouet, les chevaux semblèrent avoir acquis des ailes et s'élancèrent dans la nuit et le brouillard avec une énergie furieuse et une fougue délirante.

Presque au même instant, la pluie et le vent mugirent de concert, le tonnerre ébranla ciel et terre, les arbres craquèrent sous l'étreinte de l'orage ; le Seigneur sembla ordonner un branle-bas général aux éléments ; et ce fut quelque chose de terriblement sinistre à voir que cette chaise de poste lancée à fond de train sur une route défoncée, au milieu de ténèbres opaques, malgré les éclairs et la tempête, et conduite par un vieillard aux yeux étincelants qui, tel qu'un noir démon, stimulait du fouet et de la voix deux étalons que l'effroi et la douleur emportaient au triple galop.

— Plus vite ! criait en même temps madame de Maucroix qui voulait à tout prix rejoindre Ali dont les rafales du vent lui apportaient parfois le galop forcené. Plus vite !

Un éclair le lui montra à deux cents mètres devant elle, courant insoucieux et courbé comme un arc sur sa selle ; la bise lui apporta en même temps un lambeau du chant indien qu'il fredonnait, — l'intrépide enfant, — comme pour défier et braver la tempête.

— Plus vite ! cria encore madame de Maucroix ; plus vite ! Neptune...

— Oh ! soyez tranquille, répondit-il en se retournant vers les croisées de la berline qu'elle avait ouvertes, nous arriverons, madame... nous arriverons bientôt !

Et le nègre mêla aux imprécations de l'orage un éclat de rire effrayant.

Tout-à-coup le bruit vague du galop d'Ali s'éteignit dans l'espace, la chanson ne vint plus mourir aux portières de la berline ; en vain, la comtesse, anxieuse, prêta-t-elle l'oreille... un autre bruit, bruit strident, plein de menaces mystérieuses, dominait galop et chanson, éclats du tonnerre et mugissements de l'orage... c'était le saut du Sarthon, la terrible cascade dont les eaux bouillonnaient au fond d'un gouffre inexploré.

Madame de Maucroix devina la signification de ce bruit ; elle mit, éperdue, la

tête à la portière, elle s'aperçut avec effroi
que la nappe d'eau dont on lui avait parlé
l'environnait, que la berline obliquait sen-
siblement à gauche au lieu de filer en ligne droite sur le pont... Elle comprit le
danger, elle eut un accent d'angoisse suprême, elle cria à Neptune :

— Arrêtez ! arrêtez ! le gouffre !...
Mais le nègre n'entendit pas, le nègre
continua de fouetter les chevaux avec une
exaltation délirante, et presque aussitôt la
berline s'inclina en avant et les chevaux,
les naseaux en feu, se trouvèrent poussés
sur cette pente terrible qui conduisait au
bord du gouffre...

Et Neptune entonna d'une voix féroce
son refrain créole qui était pour lui son
chant de mort.

Mais madame de Maucroix n'entendit
point ce chant, dominé d'ailleurs par le
fracas de la chute; madame de Maucroix
n'entendit et ne vit plus rien ; et bien que
l'obscurité fût profonde, elle ferma les
yeux avec un invincible effroi, comme si

elle eût craint d'apercevoir le gouffre qui l'allait engloutir, et elle se rejeta hérissée au fond de la berline, murmurant le nom d'Ali comme une invocation suprême ; — comme si ce nom qui disait la seule bonne pensée qu'elle eût eue en sa vie était l'unique prière qu'elle osât murmurer à cette heure terrible...

Mais au même instant deux détonations retentirent malgré les hurlements de l'orage et le bruit strident du gouffre, la berline reçut une brusque secousse, roula quelques pas encore, puis s'arrêta soudain à la lèvre même du précipice.

Alors madame de Maucroix ouvrit les yeux et poussa un cri. — A la lueur des fanaux, elle vit Ali, toujours à cheval, impassible et retenant d'une main de fer le timon de la voiture dont les roues, tant l'impulsion avait été puissante, montaient à moitié sur les cadavres des deux chevaux, à qui l'intrépide enfant venait de casser la tête avec ses pistolets !

Il avait trouvé le pont, lui, mais il avait

aperçu la berline, il avait deviné qu'elle faisait fausse route, et il s'était élancé au-devant d'elle...

———

Le premier mouvement de madame de Maucroix fut de s'élancer à terre; son second de courir, les mains tendues, à son libérateur.

Ali, qui avait retenu la voiture sans savoir qui elle contenait, eut un geste et un cri de surprise en reconnaissant madame de Maucroix.

Tous deux se contemplèrent une minute sous le vent, les éclairs et la pluie, muets et n'osant se parler.

Ali, que le danger faisait lion, redevenait un enfant timide quand le danger était passé.

Madame de Maucroix, la femme spirituelle s'il en fut, l'être égoïste et froid d'ordinaire, qui ne pâlissait que rarement en face du péril, qui souriait et trouvait un joli mot le péril passé, madame de Maucroix était là, timide et haletante, regardant avec admiration ce hardi jeune homme qui venait de l'arracher à la mort et n'osant lui parler.

Elle avait les pieds dans l'eau, la belle comtesse, elle frissonnait sous la cataracte du ciel qui inondait ses épaules et son front brûlant, elle tenait, dans ses mains charmantes, la main nerveuse d'Ali ; elle l'eût baisée, si elle eût osé, et elle ne se plaignait pas et ne songeait pas même à sortir de l'étrange situation où elle se trouvait.

Mais Ali y songeait pour elle, Ali se pencha sur sa selle comme un écuyer de l'hippodrome, la saisit sans façon par la taille, l'enleva de terre, la plaça devant lui, l'enlaça fortement dans ses bras nerveux et enfonça l'éperon au flanc de son cheval qui se cabra de douleur et bondit, furibond, en avant.

La comtesse poussa un cri et ferma les

yeux sous l'étreinte d'une voluptueuse terreur.

Certes, une excentrique lady ou une romanesque Allemande eussent acheté une somme folle de sourires et de soupirs cette course échevelée que fit alors la comtesse et les hallucinations étranges et pleines de mystérieuses épouvantes qui s'emparèrent d'elle, tandis qu'elle se sentait emportée sans haleine et sans voix sur ce cheval écumant, ployée et inclinée sur les bras palpitants du jeune Indien, entendant résonner les pulsations de son cœur, sentant ses cheveux épars frissonner sous sa respiration saccadée par la brusque vitesse de leur course; — semblables l'un et l'autre à Wilhem et Lénore que le cheval fantôme conduisait aux infernales demeures.

Plusieurs fois la comtesse voulut crier, se débattre; la force et la voix lui manquèrent; et elle s'appuya plus fort encore sur la robuste poitrine de son intrépide cavalier.

La pluie tombait toujours avec violence : il dégrafa son imperméable burnous et le jeta sur les épaules glacées de la comtesse, ramenant, sans daigner s'arrêter et avec une hardie insouciance qui eût rendu jalouse une écuyère du Cirque, les amples plis de ce vêtement sur ses genoux avec un soin minutieux.

Le cheval, habilement guidé, avait franchi le pont et galopait avec furie sur la route de Domfront, sans se soucier du brouillard et de l'orage, et pour ainsi dire surexcité par cette situation anormale des éléments.

Où allait Ali ? il ne le savait pas ; mais il espérait trouver au-delà du Sarthon un village plus rapproché que n'eût été Damigny, une maison quelconque où il pût déposer son fardeau et l'abriter.

La Lacelle, le premier village qu'on trouve sur la route après avoir franchi le Sarthon, était loin encore, mais Ali aperçut, à la lueur d'un éclair, un petit bâtiment entouré d'arbres, à quelques centaines de mètres de la route.

C'était une chaumière de paysans, non point la chaumière classique de l'Opéra, où l'on trouve une bergère enrubannée et musicienne ; non point le châlet suisse où l'on tient chaud, à toute heure, un consommé de volaille pour les Anglais voyageurs ; non point encore la maisonnette blanche et sans cachet du cultivateur de Chatou et de Bougival, qui fait son fils avocat et reçoit le Parisien qui chasse sur ses terres avec des injures et une pioche qu'il brandit ; — mais la chaumière véritable, la chaumière normande, toiturée avec de la paille et des fagots, bâtie à pierre sèche, ayant un trou au plafond pour tuyau de cheminée, une dalle pour âtre, deux pierres pour chenets.

Celle-là était habitée par deux vieillards, l'homme et la femme ; ils étaient encore au coin du feu, priant pour les marins et les voyageurs, suivant l'antique coutume ; ils entendirent le galop du cheval ; ils ouvrirent aussitôt leur porte et coururent à la rencontre du cavalier. Le cheval s'arrêta ruisselant sur le seuil.

Là s'évanouit l'hallucination de la comtesse ; l'infernal galop avait cessé ; Ali était à terre, et il la prenait dans ses bras pour la porter auprès du feu.

Alors elle eut comme un poignant regret de voir finir sitôt cette course fantastique, de ne plus entendre les pulsations du cœur d'Ali vibrant sur son cœur effrayé, de ne plus sentir dans ses cheveux cette haleine inégale et brûlante qui paralysait l'action glacée de la pluie, et elle se laissa tomber étourdie et brisée sur un escabeau, murmurant :

— Déjà ?

Une femme seule pouvait prononcer ce mot.

XXX.

LE MANOIR.

— Ah ça, mon cher prince, dit Gérard se rejetant nonchalamment au fond de la berline, comment se fait-il que vous obteniez de maigres chevaux de poste une célérité pareille ?

— Ah ! fit le prince en souriant, si vous n'étiez aussi gentilhomme que vous l'êtes, je n'oserais vous le dire.

— Dites donc alors.

— Je paye les guides vingt francs.

— C'est juste, je n'y avais pas songé. Vous avez donc une fortune immense?

— Moi? non; mais j'ai les mines de diamants de mon souverain à ma disposition.

— Oh! murmura Gérard dont le front s'assombrit sous l'étreinte d'une pensée soudaine, vous avez la toute-puissance de l'or... et c'est immense. On peut presque tout avec cela.

— Pourquoi ce presque?

— Pourquoi? hélas! prince, il est des maux qu'aucune science humaine ne guérit, des plaies qu'aucune infusion d'or et de saphirs ne parviendrait à cicatriser.

— Seriez-vous amoureux? demanda Osman-Bey souriant de son rire froid et hautain.

— Mieux que cela, mon prince, j'aime...

— Folie !

— Sagesse, quand c'est le bonheur.

— Le bonheur ? murmura le prince, le bonheur n'est pas dans l'amour. L'homme heureux est celui qui n'a pas de cœur.

— Etes-vous heureux ? demanda Gérard.

Le prince fit un violent effort sur lui-même :

— Sans doute, répondit-il.

Et, à son tour, il s'enfonça dans son coin de berline et se tut.

Vingt minutes après, les deux voyageurs traversaient Alençon ; une heure plus tard le sable de la grande allée du manoir de Gérard criait sous les roues de sa chaise de poste.

C'était un castel de noble origine, avec des tours élancées et des vitraux gothiques, un castel qui rappelait une des plus belles pages de l'histoire normande, le temps du vaillant duc Guillaume. Il était plus petit que Kerbrie, moins imposant et moins poétique peut-être, car la mer manquait à son voisinage, mais non moins fièrement campé sur ses larges murailles et lançant aux nues un hardi beffroi du haut duquel, sans doute, les Rempès d'un autre âge avaient appelé leurs hommes liges et leurs vassaux aux armes.

L'intérieur répondait à cette martiale attitude extérieure : vieilles tentures de haute lice, meubles gothiques, panoplies, cartels et écussons au-dessus des portes ferrées en cuivre. Et tout cela soigné, époussseté, garanti des vers, de la rouille et de la poussière. Dans cette antique demeure des preux, on devinait la visite annuelle du lion parisien, de l'élégant gentilhomme qui n'avait consenti à traîner sa botte vernie sur les tapis de ses pères qu'à la condition que leurs chaussures de fer resteraient pendues aux murs comme un historique trophée.

Pétrus avait précédé son maître. Les marmitons suaient aux cuisines, les Caleb de ce nouveau Ravenswood avaient revêtu leur livrée d'apparat, on attendait le maître partout ; et le maître pouvait, sans nulle inquiétude, amener un étranger dans sa demeure : l'étranger y serait noblement hébergé.

Les portraits de famille de Gérard garnissaient les murs de la salle à manger. Le prince les lorgna tour-à-tour d'un air distrait, puis s'arrêtant soudain devant le dernier qui représentait un homme jeune encore en costume de général de notre époque, il dit brusquement à son hôte :

— Quel est celui-là ?

— Mon père, répondit Gérard, mon père, qui est mort assassiné il y a sept ans.

Le front du prince se plissa :

— Celui qui est mort pour moi... murmura-t-il tout bas.

Et il considéra le visage pâli par la douleur, les yeux voilés de tristesse et l'attitude souffrante que ce beau jeune homme, si noble et si malheureux, essayait vainement de cacher sous le masque d'une insouciance factice; et, pendant cette contemplation, il lui vint aux yeux comme une larme, et il se dit :

— La fatalité est partout : serai-je donc implacable, et faudra-t-il que pour me venger je brise la vie de cet enfant?

Il posa la main sur sa poitrine, rêva une minute, puis le sourire froidement terrible qui glissait presque toujours sur ses lèvres y revint :

— Bah! fit-il, je n'ai plus de cœur... laissons agir la fatalité.

— Mon cher hôte, ajouta le prince, il faut que demain avant le jour j'aie quitté votre noble demeure, mais je garderai un éternel souvenir de votre bonne hospitalité.

Gérard s'inclina et indiqua du geste au prince une place à table.

Durant le repas, Gérard se montra d'un esprit léger et d'une gaîté sans nuages : il se contraignit admirablement : mais vers la fin, esprit et gaîté tombèrent, et, lorsqu'il eut conduit lui-même son hôte à l'appartement qu'on lui avait préparé, il se laissa tomber triste et froissé sur un siége et jeta un long regard de douleur aux toiles enfumées qui représentaient ses ancêtres.

— Je vendrai tout, murmura-t-il, ô mes pères, tout, excepté votre demeure et les caveaux où reposent vos cendres.

———

Le lendemain avant le jour, le prince indien arrivait à ce relais de poste où la veille au soir madame de Maucroix avait été avertie du danger qu'elle courait en voulant poursuivre sa route, et il y apprenait que ni voiture ni chevaux n'avaient reparu.

Au portrait qu'on lui fit de la voyageuse, le prince reconnut aussitôt madame de Maucroix ; il pressentit un malheur et ordonna qu'on le conduisît avec la rapidité la plus grande au pont que peut-être elle avait franchi.

L'aube naissait au moment où il atteignait le pont. Le pont était à sec et ne portait aucune empreinte de roues. Mais à cent mètres de la route se trouvait une masse noire parfaitement immobile, et, malgré la faiblesse du crépuscule matinal, il était aisé de reconnaître que c'était une voiture.

Le prince se fit conduire en toute hâte sur le lieu même, trouva les chevaux morts et, dans la voiture, riant et pleurant à la fois et accusant tous les symptômes d'un bouleversement moral, le vieux nègre, que les événements de cette nuit pleine de terreurs et d'angoisses avaient momentanément rendu fou.

Madame de Maucroix avait disparu.

Le prince remarqua alors en certains endroits que l'eau avait abandonné les traces profondément empreintes dans la vase du sabot d'un cheval; un peu plus loin une plume souillée de boue gisait à terre : c'était l'aigrette d'Ali.

Dès lors, le prince devina tout. Il descendit de voiture, ordonna au postillon de continuer sa route et d'aller l'attendre au prochain relai, après avoir tout d'abord fait monter le nègre dans la chaise ; et il se mit à suivre, à pied, les traces du cheval qui reparaissaient de temps en temps dans les guérets voisins.

XXXI.

MÉTAMORPHOSE.

Revenons à Ali et à madame de Maucroix, arrivés à la porte de la chaumière normande.

— Un lit! demanda le jeune Indien.
— Nous n'en avons qu'un, répondirent

les vieillards, et vous serez obligé de dormir sur une chaise, tandis que cette dame le prendra.

— Non! dit brusquement la comtesse, je ne veux pas me coucher, je passerai la nuit où je suis. Faites du feu...

— Il fait froid, dit timidement Ali. Vous êtes mouillée.

— Enfant! murmura-t-elle avec un charmant sourire, c'est vous qui êtes mouillé et brisé de fatigue... Voyez, l'eau ruisselle de vos vêtements... vous pourriez en être malade... en mourir, peut-être, ajouta-t-elle avec un frémissement intraduisible dans la voix.

Et elle se leva, s'approcha de lui, ôta de ses épaules le burnous qu'il y avait posé naguère, et s'en servit pour l'essuyer. Puis elle lui enleva tour-à-tour son turban et sa veste, prit son mouchoir et tamponna ses épaules et sa tête avec un soin et une sollicitude tout maternels, puis encore elle exposa au feu de fagot qui flambait la veste et le turban pour les faire sécher; et comme un frisson involontaire échappait à l'enfant, elle dégrafa la palatine fourrée que le burnous avait garantie, et l'en couvrit.

Ali voulut résister et repoussa doucement la palatine.

— Je le veux! lui dit-elle avec une autorité charmante; je le veux! et vous devez m'obéir.

Il obéit, et elle lui prit doucement les mains dans les siennes pour les réchauffer.

— Comme il tremble encore! murmura-t-elle. Du bois! mettez beaucoup de bois au feu!

Elle jeta un regard autour d'elle et inspecta la pauvre apparence de la chaumière. Vous n'avez donc rien, dit-elle aux vieillards; rien de chaud... un peu de bouillon?...

— Non, dit la femme en secouant la tête, nous n'avons que de la galette et du cidre.

— Et un peu d'eau-de-vie, ajouta l'homme.

Ce fut un trait de lumière pour la comtesse; elle se souvint qu'elle emportait toujours à son cou un petit sac de voyage renfermant des sels, des cordiaux et une tablette de gélatine. Elle s'en empara, l'ouvrit et força Ali à boire le contenu d'un flacon. Ensuite, elle demanda un vase et de l'eau, mit le tout au feu et se dit avec une joie d'enfant :

— Je pourrai lui faire un bouillon ! Mon Dieu ! mon Dieu ! comme il a froid ! Donnez-moi votre eau-de-vie.

Le vieillard apporta une petite gourde à moitié pleine. Elle la versa dans une écuelle de faïence grossière, et la présenta à Ali :

— Buvez ! dit-elle.

Il but, et trembla moins fort peu après.

— Allez vous reposer, bonnes gens, dit la comtesse aux vieillards, nous passerons la nuit ici.

— Mais, dirent-ils, nous pourrions très-bien faire deux lits avec le nôtre.

— Vrai! fit la comtesse avec une sorte de joie, il pourra donc se reposer?

— Il y a là un vieux coffre plein de paille de maïs, c'est pas tendre, mais en mettant un matelas dessus...

— Avez-vous ce matelas?

— Oh! oui, dit la femme, nous coucherons bien sur la paillasse pour une nuit...

L'insensible madame de Maücroix éprouvait une sorte de joie fébrile à s'occuper de ces détails infimes et de ces grossiers préparatifs nocturnes si inusités chez elle, et que même elle n'avait jamais soupçonnés.

Elle aida la vieille femme à faire le lit, elle approcha du feu les draps encore humides, elle ajouta, à la couverture de grosse laine dont les pauvres gens se dépouillèrent, sa chaude pelisse de fourrures... et puis elle voulut qu'on roulât le lit improvisé près du foyer. Quand tout cela fut fait, elle regarda Ali. — Ali s'était endormi de lassitude.

— Déshabillez-le, dit-elle au paysan,

en tournant le dos au foyer par un exquis sentiment de pudeur.

Cette opération, toute difficile qu'elle fût, ne parvint point à réveiller Ali, et il fut mis au lit sans le moindre obstacle.

Alors madame de Maucroix s'approcha de lui, prit sa main et la garda une minute dans les siennes.

— Mon Dieu! dit-elle effrayée, il a une fièvre terrible. Et, en effet, tout silencieux qu'il fût, le sommeil de l'enfant était presque convulsif, et, sans nul doute, son système nerveux était froissé par ces quelques heures de fatigues et d'émotions qui venaient de s'écouler.

Elle mit la main sur son front : son front était brûlant; le tremblement qui l'agitait naguère et que les quelques gouttes de liqueur avaient calmé, s'emparait de lui de nouveau; et madame de Maucroix frissonna...

— S'il allait être sérieusement malade! se dit-elle avec une sorte d'effroi... Et ici! loin de tout... sans soins... sans médecins... Oh ! fit-elle tout bas, et comme illuminée soudain, je le soignerai, moi ! l'amour est plus savant que la faculté.

Puis, il lui vint une étrange idée, une idée folle et bizarre comme il n'en peut germer que dans un cerveau mis à l'envers par un amour furieux : elle songea que si l'enfant se réveillait, il verrait autour de lui ses deux hôtes empressés à le soigner, et que sa reconnaissance pour elle serait moins grande ; elle fut jalouse de ces deux vieillards, la folle naïve !

— Allez vous reposer, insista-t-elle en s'adressant aux bonnes gens, je désire être seule, il dort et le bruit l'éveillerait.

Ils s'en allèrent. Alors elle plaça sa chaise au chevet du lit et se prit à le contempler avec une expression mélangée d'amour et de tendresse maternelle. C'était la première fois peut-être qu'elle le regardait aussi longtemps. Elle était seule, nul ne la voyait, il dormait et elle ne rencontrait plus cet œil noir, cet œil de velours bordé de longs cils qui la faisait tressaillir d'ordinaire : elle s'enivrait à longs traits de cette contemplation; découvrant à chaque minute une beauté de détail qui lui était échappée dans l'ensemble, — épiant son moindre mouvement, son plus léger sourire, frémissant à chaque fois que ses lèvres s'entr'ouvraient pour laisser passer une phrase inintelligible, un mot qui n'avait aucun sens...

L'enfant rêvait de son pays sans doute, les tigres et les Anglais se cotisaient pour agiter son sommeil, puis, au bout de quelques minutes, il redevenait calme et silencieux ; et alors les terreurs de madame de Maucroix se calmaient.

Il fut un moment où, sans s'éveiller, il murmura :

— J'ai soif!

Elle bondit vers le foyer et remplit une tasse de bouillon; mais le bouillon était brûlant, il fallait attendre... Elle éprouva une angoisse inexprimable tandis qu'il refroidissait, trempant de seconde en seconde son ongle rose dans la tasse et le retirant avec un geste de douleur...

— J'ai soif, répétait Ali, dormant toujours : et elle trépignait d'impatience.

Elle le lui donna enfin, lui ouvrit la bouche avec ses doigts et lui versa le contenu de la tasse goutte à goutte... Mais vers la fin, comme il n'en restait plus qu'une cuillerée, elle l'approcha soudain de ses lèvres, à elle, et les imprima avidement à la même place où avaient trempé les siennes.

Au matin, la fièvre se calma graduellement, le tremblement nerveux disparut, son sommeil devint paisible, sa respiration égale et silencieuse.

Un rayon de soleil dorait le papier huilé qui remplaçait les vitres de l'unique croisée...

Le feu qu'elle avait activé sans relâche avait répandu dans la pièce une chaleur étouffante; elle courut ouvrir la porte, puis elle revint s'asseoir près du lit, posa sa main légère sur son front qui ne brûlait plus, et retomba dans sa muette et suave contemplation.

Un vague et pâle sourire se dessinait sur les lèvres rouges de l'enfant. Elle jeta autour d'elle un regard inquiet, investigateur, un regard de forçat qui s'évade et traverse sa chaîne dans ses mains, les lugubres corridors du bagne, puis elle se pencha sur lui frémissante... mais ses lèvres, prêtes à effleurer les siennes, s'arrêtèrent brusquement en route, et remontèrent lentement et comme à regret vers le front où elles s'imprimèrent. Elle n'avait osé lui donner un baiser de femme, elle lui donnait un baiser de mère. Ce contact velouté, cette haleine tiède et saccadée par l'émotion faillirent éveiller Ali qui fit un mouvement et prononça quelques mots...

Madame de Maucroix, honteuse, se rejeta brusquement en arrière.

Mais l'enfant ne s'éveilla point encore : et elle s'agenouilla alors devant lui, pencha sa tête sur l'oreiller pour respirer son haleine, et plongée en une sorte d'extase *isolante*, — qu'on nous passe ce terme du magnétisme, qui ne lui permit pas d'entendre un bruit de pas légers qui s'arrêtèrent à la porte grand'ouverte...

———

Un homme était sur le seuil, muet et immobile : c'était le prince.

Il se prit à contempler une minute ce groupe charmant de l'enfant endormi et de la femme agenouillée : il devina les moindres détails de cette nuit fiévreuse, ces exquises sollicitudes, ces soins infinis dont *elle* l'avait entouré; et alors il lui vint aux lèvres un sourire atroce et infernal, un sourire pétri d'une haine présente et de douleurs passées; un mouvement de jalousie étrange étreignit sa tête et son cœur, et il murmura sourdement :

— Oh! si elle m'avait aimé ainsi...

Et sa main descendit de son front à sa ceinture et tourmenta le manche de son poignard; le sourire disparut, son œil étincela comme l'œil de ces tigres qu'il avait étouffés jadis, et le poignard sortit à moitié de sa gaine :

— Si je la tuais! se dit-il.

Mais au même instant Ali fit un mouvement et murmura, continuant son rêve mystérieux, muet depuis quelques instants.

— Tu es belle! oh! tu es belle!

Le prince vit la comtesse se courber en frissonnant et cacher éperdue sa tête dans les couvertures du lit.

Alors reparut son implacable sourire, et il repoussa le poignard dans sa gaîne.

— Je t'aime... oh! je t'aime... poursuivit Ali.

La comtesse poussa un cri de joie.

— Oh! fit le prince, si je la tuais à présent, elle ne souffrirait pas... Je vais la tuer autrement.

Et il fit deux pas bruyants vers le lit : la comtesse bondit sur ses pieds et se retourna pâle et troublée vers le prince.

Il était fort pâle, mais parfaitement calme ; il lui baisa la main le plus naturellement du monde, et lui dit :

— Je vous remercie, madame, des soins empressés que vous avez prodigués à ce pauvre enfant.

La comtesse était muette.

— Or, poursuivit le prince, il vient de lui échapper quelques mots...

Madame de Maucroix se prit à trembler...

— Quelques mots, continua le prince, qui simplifient singulièrement une question fort épineuse que j'avais à vous soumettre. Ali est amoureux.

— Mais, monsieur... exclama enfin la comtesse, de plus en plus émue et frémissante...

— Oh ! rassurez-vous, madame, poursuivit tranquillement le prince, rassurez surtout votre pudeur alarmée. Ali n'aurait point l'audace d'élever son amour jusqu'à vous... c'est *une de vos filles qu'il aime.*

Le prince appuya sur ces mots avec une joie barbare.

— Et, ajouta-t-il, c'est elle qu'il voyait sans nul doute dans son rêve.

Madame de Maucroix ne poussa aucun cri, ne prononça aucune parole... elle s'affaissa lourdement sur le sol et s'évanouit.

Le prince croisa les bras, la regarda d'un œil sec ployée et brisée sous l'étreinte de cette foudroyante révélation, et se dit avec un calme inouï :

— Voilà qui vaut mieux qu'un coup de poignard ; Laurence, je suis plus fort que vous !

XXXII.

Rue Tronchet, au premier étage, logeait, en 1847, une charmante créature, qui faisait, à Longchamps, l'admiration universelle de tout ce que Paris avait de jeunes fous portant gants jaunes et lorgnon d'écaille.

Elle se levait à midi et paraissait dix minutes au balcon de sa fenêtre, pour respirer cette brise matinale des Parisiens, qui, pour eux, ne souffle que sur le midi. Dans ces dix minutes, une douzaine de membres du Jokey's-Club passaient en caracolant dans la rue, et jetaient force œillades assassines à l'adresse du balcon.

Elle les regardait d'un air moqueur, rendait leur salut du bout des doigts et semblait leur dire :

— Passez votre chemin, vous m'ennuyez très-fort.

Peu après, un coupé s'arrêtait à la porte ; un gros homme, un peu rouge, très-blond, encore plus fade, en descendait pesamment, gravissait l'escalier en sifflotant un air d'opéra, sonnait d'un air de maître et donnait une tape protectrice sur la joue rosée d'une soubrette de Marivaux qu'on trouvait jolie partout où la maîtresse n'était pas.

Mais les airs vainqueurs du gros monsieur blond s'évanouissaient au seuil du boudoir.

La dame du logis, qui avait abandonné son balcon, était alors nonchalamment couchée sur une bergère, tenant dans ses mains son pied nu. — Ces mains et ce pied eussent valu un million en Chine. Elle avait aux lèvres un sourire ironique et semblait dire au visiteur :

— Ne voyez-vous pas que je me moque de vous ?

Un jour, le gros homme trouva la dame du logis de fort méchante humeur.

— Qu'avez-vous, ma belle enfant ? lui demanda-t-il avec une galanterie qui sentait son rustre d'une lieue.

— La migraine.

— Vraiment ? Quelle en est la cause ?

— L'ennui.

— Que pourrais-je donc faire pour vous amuser ?

— Peu de chose : aller voir au bois de

Boulogne si les feuilles des arbres commencent à tomber.

— Quelle idée !

— Et ne point revenir me le dire.

— Oh ! s'écria le monsieur blond, vous êtes un tigresse.

— Le mot est niais. Ajoutez d'*Hircanie*, il deviendra tout-à-fait ridicule.

— Mais, vous m'avez donc en horreur ?

— Moi ? non. J'ai en horreur l'espèce humaine.

— Quel âge avez-vous ?

— Seize ans.

— Et c'est à cet âge ?...

— A cet âge, mon cher, on peut avoir souffert beaucoup déjà. Moi, j'ai souffert toutes les tortures que la femme épuise dans le cours de sa vie.

— C'est une jolie phrase, ce que vous dites là.

— Voulez-vous savoir mon histoire ?

— J'allais vous la demander.

— Eh bien ! mon cher, je vous dirai

qu'à quatorze ans je fus séduite par un misérable : c'était un de ces jeunes beaux comme il en papillonne tous les jours sous mon balcon; il avait lorgnon d'écaille, bottes vernies et cheval anglais. Il m'enleva un soir du toit où s'était passée ma jeunesse; il me traîna sans honte sur cette claie d'infamie qu'on nomme la vie des femmes entretenues, il me présenta à ses amis, m'afficha publiquement et me rejeta, une nuit, sans argent, presque sans habits, sur le pavé de la rue. Je portais un enfant dans mon sein; j'accouchai sur une borne. C'était au mois de janvier, il y avait de la neige et le vent faisait tourbillonner les réverbères : — mon enfant mourut de froid dans mes bras.

Je me vendis afin d'avoir une bière et un lambeau de drap blanc pour lui servir de linceul.

Dès lors, pendant un an, je fus chaque jour froissée et meurtrie, tarifée et bafouée; puis, un matin, un banquier me trouva sur sa route, me couvrit d'or et de cachemires et me lança dans le monde élégant.

Alors, mon cher, je posai la main sur mon cœur, mon cœur ne battait plus ; je me regardai dans une glace, la rougeur ne montait plus à mon front, mon œil était effronté, mes ongles ressemblaient à des griffes, et je me trouvai forte et implacable, sans pitié comme sans peur, résolue à tout braver et à me venger dignement, moi, la fille perdue, de ce qu'avait enduré et souffert la pauvre fille honnête, naïve et pleine de foi. Vous le voyez, mon cher, je suis franche et je ne vous prends point en traître. Vous voulez que je vous aime? c'est impossible ; vous m'aimez? c'est coûteux.

—Qu'importe! dit l'homme blond avec un enthousiasme stupide.

—Mon cher, dit la jeune femme en souriant, je ne suis point née dans votre ville de boue et de mesquineries que vous proclamez la reine du monde. Mon père était un Arabe du désert, ma mère était plus belle que moi. J'avais quatre ou cinq ans peut-être, quand ils furent massacrés par les Français ; mais je me souviens des contes magnifiques, étincelants de pierreries et d'escarboucles, peuplés de palais d'or massif et de jardins embaumés, que l'improvisateur de ma tribu nous déroulait le soir sous la tente, autour du feu de notre campement. Il n'y était point question, croyez-le bien, de ces splendides pauvretés que vous appelez cadeaux à Paris. Les amants y donnaient à leurs maîtresses une corbeille de corail, une maison d'ivoire ou un collier d'émeraudes, au lieu du honteux cachemire de Lyon ou du bracelet Ruoltz que vous autres, rois de la finance parisienne, nous envoyez avec des sourires de protection. Eh bien ! mon cher, si vous voulez absolument m'aimer, si vous êtes las de vous consumer en soins perdus et de rôder autour de moi comme un loup cervier qui n'a plus ni griffes ni dents, donnez-moi cette existence splendide, cette vie fastueuse et dorée des contes de mon enfance, jetez sous mes pieds de la poussière de diamants, brûlez du corail dans l'air que je respire, faites-moi oublier, à force de magnificences et de folies, que vous avez quarante-cinq ans, du ventre, un nez rouge, des cheveux filasse et un esprit étroit.

Le notaire, — car c'en était un, et de notre connaissance, s'il vous plaît, — le notaire poussa un douloureux soupir et s'écria :

— Mais que voulez-vous donc ? parlez ! j'ai près d'un million de fortune, je le dépenserai en un jour, si vous le voulez......

— Pardine ! fit-elle avec un sourire qui mit à nu des dents blanches et pointues, propres, comme on l'a dit plusieurs fois, *à croquer des lingots,* pardine ! le bel effort ! Quand on vous ressemble, mon bon ami, on ne saurait payer assez cher deux mots d'une femme qui ne soient point une injure ; je ne parle pas de mon amour, — vous vendriez au diable l'âme du saint votre patron que le prix ne suffirait pas pour l'acheter.

— Quel monstre êtes-vous donc?

— Une femme, mon cher, rien de plus.

— Eh bien! que voulez-vous aujourd'hui?

— Je ne sais trop. Attendez... Ah! tenez, hier, je suis allé à Ville-d'Avray; il y a là un charmant petit castel entouré de grands arbres. Il me le faut. Il est à droite de la route, une allée de tilleuls y conduit; la grille en est peinte en vert, et il y a, à l'entrée, deux statues verdâtres et grimaçantes, représentant des satyres, et qui sont presque aussi laides que vous.

— Vous l'aurez aujourd'hui même.

— Oh! pressez-vous moins; pourvu que je m'y puisse installer demain...

— Dame! mais c'est assez difficile... il faut passer l'acte de vente...

— Bah! vous êtes notaire, vous le passerez vous-même, et vous abrégerez, pour me plaire, les formalités que vous employez pour vos clients.

— Je tâcherai... soupira le notaire.

— Rayez ce mot de votre vocabulaire et remplacez-le par celui : je ferai. Allez !

Et elle le congédia avec un geste de reine.

Maître Kerkarakadec, c'était bien lui, n'était plus, comme on le voit, le notaire mince et fringant qui avait joué son bout de rôle à Kerbrie. Il avait quarante-cinq ans et beaucoup de ventre. Son importance était en raison directe de son abdomen. De la rue Vivienne à la rue Royale et des Tuileries au boulevard, il n'était question que de maître Kerkarakadec, notaire. Il avait un coupé vert-pomme, et jouissait de la confiance générale des faubourgs saint-Honoré et Saint-Germain, grâce à son nom breton. Arrivé sur le trottoir, il remonta dans son coupé, et dit au cocher :

— Route de Versailles !

Il était alors environ quatre heures du soir. Si bons qu'ils fussent, les chevaux du notaire ne purent franchir la distance qui sépare Paris de Ville-d'Avray en moins d'une heure et demie. Il était donc presque nuit, lorsque maître Kerkarakadec arriva à la grille du petit castel indiqué par la belle habitante de la rue Tronchet.

Le parc était silencieux, les fenêtres du château parfaitement closes, et aucun bruit ne se faisait entendre à l'intérieur ou à l'extérieur.

Néanmoins le notaire ordonna à son cocher de sonner. La cloche retentit, un aboiement de boule-dogue répondit à ce fracas, et la grille tourna sur ses gonds presque aussitôt, sans que personne fût venu l'ouvrir.

Le notaire ne s'émut point de cette particularité mystérieuse, et marcha résolument vers le perron qu'il gravit d'un pas alerte, puis il souleva le marteau de la porte d'entrée.

Cette fois la porte ne s'ouvrit point toute seule sur ses gonds, des pas se firent entendre derrière, et il se trouva face à face avec un domestique noir portant veste rouge et culotte blanche.

— Que demandez-vous ? fit brusquement ce dernier en mauvais français et avec un accent créole fortement prononcé.

— Le maître de ce château.
— Il n'y est pas.
— Où le trouve-t-on ?
— On ne le trouve jamais.
— Comment se nomme-t-il au moins ?
— Je ne sais pas son nom.

Maître Kerkarakadec recula de stupéfaction. Il ne comprenait pas qu'on pût répondre aussi insolemment à un homme si bien couvert et qui était venu dans un coupé vert-pomme.

Il cligna de l'œil cependant, tira deux louis de sa poche et les présenta au nègre. Le nègre haussa les épaules et ne tendit pas la main.

— Drôle ! exclama le notaire furieux, sais-tu à qui tu parles ?

— Non, mais je sais que mon maître

n'est point ici, et que personne ne se présente sans avoir affaire à lui.

— Aussi ai-je besoin de le voir.
— Que lui voulez-vous ?
— Lui acheter ce château.
— Ce château n'est pas à vendre.
— Mais...
— Je vous dis qu'il n'est pas à vendre. Bonsoir.

Et le nègre referma la porte et laissa le notaire interdit et immobile de stupéfaction sur le perron.

Il souleva une seconde fois, puis une troisième, le marteau. La porte resta close.

Maître Kerkarakadec avait un certain fonds de philosophie dans le caractère, il remonta dans son coupé, prit la route de Paris et rentra chez lui.

La table de famille était dressée. La mère, une jeune femme au front serein, à l'œil calme, était assise, entourée de trois enfants blonds et beaux comme des chérubins. Femme et enfants se levèrent avec empressement et vinrent au-devant du père et de l'époux.

Le notaire reçut froidement et d'un air distrait toutes ces chastes caresses, il se mit à table sombre et rêveur, et n'ouvrit point la bouche durant le repas, éludant toute explication.

Madame Kerkarakadec était, du reste, accoutumée à ces préoccupations rêveuses de son mari; elle en rejetait la cause, habituellement, sur le tracas et les soucis des affaires. Il est certain que ce n'était point un homme aimable que ce cher M. Kerkarakadec : il ne cultivait presque plus le calembour de ses jeunes années; il était rapace, intéressé, vulgaire, marié par intérêt, âpre à la curée en diable, l'échine souple devant ses clients haut situés, hautain et grossier comme tous les parvenus envers ceux qui avaient besoin de lui, — quelquefois indélicat, témoin son rôle à Kerbrie; — mais indélicat avec prudence, légalement, passant avec une légèreté infinie entre le bagne et le Code pénal, sans accrocher ni l'un ni l'autre.

Il avait épousé sa femme, — la plus charmante créature qui se pût trouver, — par intérêt et pour sa dot; il n'avait jamais attaché au mariage d'autre importance que des considérations purement commerciales. Mais un jour, — il y en avait huit de cela peut-être, — il s'était laissé entraîner dans une soirée de garçons, où se trouvaient nombre de Madeleines non encore repenties; — celle de la rue Tronchet était du nombre. — Vous dire quel bouleversement s'opéra soudain dans la tête et le cœur, dans les habitudes et les goûts de cet homme, nous demanderait à peu près un volume, et nous n'avons certes pas le temps de l'écrire. Le notaire sentit dès lors qu'il courait à sa perte d'une manière inévitable, mais il sentit aussi que rien ne le pourrait retenir, et il se lança tête baissée sur cette pente funeste. Ses affaires, ses clients, son étude... il oublia tout. Il dépensa vingt mille francs en huit jours pour avoir le droit de sonner un peu fort à la porte de la châtelaine de la rue Tronchet; il renouvela ses chevaux, changea de voiture, et s'engagea dans cette grande route pleine de mirages trompeurs qui conduit parfois les notaires, un grattoir à la main, à l'autel du faux et de la banqueroute.

Un notaire amoureux percerait un tunnel à l'Atlas avec la queue de son grattoir, si la femme aimée était derrière.

Maître Kerkarakadec passa une grande heure à table, dans une profonde et pénible méditation, cherchant un moyen de savoir le nom du propriétaire du castel.

— Parbleu! se dit-il enfin, en passant au salon où le café était servi, je vais envoyer mon clerc aux cadastres.

Mais six heures étaient sonnées et les clercs partis.

Il passa une nuit d'angoisses, ne put fermer l'œil et se trouva, au matin, le premier levé et descendit à son étude.

Les clercs arrivèrent peu après. Seul,

le premier arriva un peu tard. C'était à celui-là, comme le plus intelligent, qu'en voulait le notaire.

— Il y a, lui dit-il, à Ville-d'Avray, un petit château renaissance, entouré d'un grand parc.

— Je le connais, répondit le clerc.

— Vous le connaissez ?

— Sans doute.

— Savez-vous à qui il appartient ?

— Certainement.

— Dites vite alors.

— Son propriétaire est prince et ambassadeur; il demeure rue de Provence, numéro...

— Son nom ! son nom ! demanda le notaire avec vivacité.

— L'ambassadeur de Singapour, cela suffit. Justement...

Le clerc, en qui nos lecteurs ont reconnu sans doute le hussard de l'Opéra et qui, précisément, sortait de chez Osman-Bey chargé d'annoncer à son patron un placement de fonds considérable que le prince voulait faire chez lui, allait sans doute lui en parler : mais le notaire n'entendit pas, il se précipita hors de l'étude, monta en voiture et arriva rue de Provence au moment où le prince venait de partir pour Kerbrie.

On l'introduisit, grâce à ses vives instances, auprès du secrétaire intime, de Bernard, si vous le préférez, lequel allait sortir pour se rendre chez Gérard de Rempès.

Bernard avait encore son costume d'étiquette.

— Votre maître a une propriété à Ville-d'Avray fit le notaire.

— Oui, monsieur.

— Voudrait-il la vendre?

Bernard enveloppa le notaire d'un coup d'œil scrutateur et, comme rassemblant des souvenirs confus :

— C'est selon, dit-il enfin. Il vient de partir pour la Bretagne, mais si vous voulez me dire votre nom...

— Je suis le notaire de la comtesse de Maucroix.

Bernard fronça le sourcil. Il venait de reconnaître Kerkarakadee.

— Je vais lui écrire, dit-il.

— Quand aurez-vous une réponse ?

— Dans quarante-huit heures.

Le notaire monta dans son coupé et courut rue Tronchet.

— Eh bien ! lui dit nonchalamment la Madeleine, venez-vous me chercher pour m'installer à Ville-d'Avray ?...

Le notaire recula :

— Les choses ne vont pas si vite, dit-il. Le château appartient à un prince indien ; le prince indien est en voyage, et son intendant...

— Où demeure cet intendant ? demanda-t-elle impétueusement.

— Rue de Provence, numéro ..., chez le prince.

— C'est bien, fit-elle en sonnant. Je vais monter en voiture et y aller moi-même. Je parie que le château m'appartiendra ce soir.

— Folie !

— Mon cher, si votre prince est Indien, mois je suis fille du désert et je me nommais jadis Aïcha.

Et Aïcha, car c'était bien elle, fit en dix minutes une toilette étincelante pour se rendre chez le secrétaire intime du prince indien.

XXXIII.

Le notaire était à peine parti, qu'un bruit de chaise de poste se fit dans la cour de l'hôtel, et, au grand étonnement du secrétaire intime, la berline de voyage du prince franchit la porte cochère.

Le prince monta tranquillement chez lui, fit signe à Bernard de le suivre, et lui dit en montrant un papier déplié :

— Lis, cela m'a rejoint aux barrières de Paris.

— Eh bien ! s'écria Bernard joyeux, c'est la colère de Dieu qui passe, laissez-la passer.

— Mons Bernard, vous êtes un niais.

— Pourquoi cela, monseigneur ?

— Parce que cette colère de Dieu dont vous parlez se traduirait tout simplement en justice des hommes et qu'il nous faut mieux que cela.

C'était le billet que madame de Maucroix avait écrit au préfet de police. La police du prince l'avait intercepté ; et, par la célérité qu'elle y avait mise, il est facile de s'expliquer le retour inattendu d'Osman-Bey.

— Eh bien ! monseigneur, que comptez-vous faire ?

— Si ce billet ne produit aucun effet, la comtesse en écrira un autre. Il faut donc mettre cet homme à l'abri, d'autant que le sens de ce billet est assez étrange; écoute plutôt :

« Nous signalons à monsieur le préfet
» de police un homme dangereux, le nom-
» mé Xénophon Bachelet, domicilié rue
» Vieille-du-Temple, n...., sur lequel pla-
» nent de graves soupçons relativement à
» un incendie et un double assassinat com-
» mis à Marseille, etc. »

— Vous le voyez, maître Bernard, voilà un mystère que nous ne connaissons pas et qu'il faut approfondir. Et puis, du moment que la comtesse de Maucroix se conduit ainsi avec ses amis, il est évident que les cartes se brouillent et que nous sommes obligés de nous mêler de la partie. Voilà pourquoi je suis revenu. Nous avons fort besoin, comme vous savez, d'un intendant; M. Bachelet est un homme probe et actif : vous vous arrangerez de manière qu'il soit demain à mon service. A mon service, on ne court plus aucun risque et la police du roi des Français n'a rien à voir dans ma maison. Vous me l'enverrez à Kerbrie, où je vais. Adieu.

Et le prince se dirigea vers la porte.

— Un moment, dit Bernard, j'ai bien autre chose à vous apprendre.

— Qu'est-ce ?

— Kerkarakadec sort d'ici et veut acheter le château de Ville-d'Avray.

— Ah! s'écria le prince, voici qui va au-delà de mes espérances.

— Et il est si pressé que c'est en piétinant d'impatience qu'il a appris que vous étiez parti et qu'il ne pourrait connaître vos intentions qu'au bout de quarante-huit heures.

— Eh bien! fit le prince d'un air nonchalant, je vais au plus vite l'avertir de mon retour. Quant à toi, tu vas partir sur-le-champ pour Ville-d'Avray et faire ouvrir portes et fenêtres, nettoyer les arbres, peigner les gazons et rendre le château présentable, je veux le vendre fort cher.

Le prince appuya sur ces derniers mots, congédia Bernard, puis écrivit ces quelques lignes :

« Monsieur,

» La comtesse de Maucroix m'a con-
» seillé de m'adresser à vous pour un pla-
» cement de fonds assez considérable. Mon
» secrétaire m'apprend, au moment où le
» hasard me ramène chez moi, que vous
» êtes chargé de négocier avec moi l'achat
» de ma propriété de Ville-d'Avray. J'ai
» l'intention de m'en défaire, et cela depuis
» longtemps. Si votre client y tient tou-
» jours, je vous serai reconnaissant de vous
» rendre au plus vite à Ville-d'Avray, où
» je vais vous attendre. Nous y traiterons
» cette affaire d'abord, les miennes en-
» suite.

» Osman-Bey, ambassadeur du rajah
» de Singapour. »

Le prince se jeta dans un fauteuil après avoir donné l'ordre qu'on portât cette lettre à son adresse, et se prit à réfléchir profondément.

Tout-à-coup la porte s'ouvrit et livra passage à une femme jeune et belle, qu'on annonçât sous le nom de madame de Fonrose !

C'était Aïcha !

Aïcha n'était point une femme vulgaire malgré ses écarts. Elle se trouvait en face d'un prince, mais elle ne sourcilla point et ne fut nullement troublée ; elle s'exprima simplement, noblement, avec infiniment d'esprit et de tact, et négocia l'acquisition du castel beaucoup mieux que ne l'eût fait maître Kerkarakadec.

Le prince l'examinait avec une scrupuleuse attention et une certaine joie sauvage ; il calculait sans nul doute ce que durerait la fortune du notaire entre des mains aussi blanches, aussi roses et si mignonnes. Il comprenait quel auxiliaire lui donnait le hasard.

— Madame, lui dit-il, vous êtes trop spirituelle et trop jolie pour n'être point capricieuse.

— Énormément, monseigneur.

— Et vous voudriez, je gage, vous installer aujourd'hui même à Ville-d'Avray ?

— J'en meurs d'envie.

— Qu'à cela ne tienne ! vous pouvez ordonner à votre cocher de vous y conduire sur l'heure. Mon intendant est parti pour le faire mettre à votre disposition.

— Mais l'acte de vente.... les formalités.

— Bagatelle ! nous réglerons tout cela avec votre notaire. Une seule difficulté s'élève...

— Laquelle ? demancha Aïcha.

— La question de prix... j'estime ce château un peu cher...

— Combien ? fit-elle avec une petite moue dédaigneuse.

— Cinq cent mille francs.

— C'est bien, dit-elle nonchalamment. Conclu !

— Allez donc, madame, dit le prince, je vous suis à vingt minutes de distance.

Aïcha salua le prince avec un sourire de reine satisfaite et remonta dans son coupé.

Une heure après elle était à Ville-d'Avray, où Bernard s'était rendu par le chemin de fer.

La grille du parc était ouverte à deux battants ; une légion de jardiniers ratissaient les allées, de nombreux domestiques noirs ou cuivrés allaient et venaient dans le castel, Aïcha se fit annoncer à Bernard, qui se rendit aux appartements particuliers du prince pour la recevoir.

Aïcha monta les degrés du grand escalier d'un pas alerte, foulant insoucieuse le moelleux tapis qui le couvrait et suivant le vieux noir qui, l'avant-veille, avait si fort rudoyé le notaire.

Elle traversa plusieurs pièces respirant le luxe splendide de l'Orient ; elle vit soulever devant elle de lourdes portières de soie, puis une dernière retomba sur elle, et elle se trouva seule en présence d'un homme qui lui tournait le dos d'abord et était occupé à écrire.

Cet homme portait le costume oriental, il était bronzé comme un mulâtre, et sept années avaient changé son visage à ce point que nul, parmi ceux qui l'avaient vu autrefois, ne pouvait le reconnaître ; — mais, au moment où cet homme se retournait au bruit des pas légers de la jeune femme, cette dernière recula vivement et jeta un cri...

Elle l'avait reconnu.

XXXIV.

Au cri poussé par Aïcha, Bernard tressaillit et jeta sur elle un regard moitié effrayé, moitié curieux. Mais si sept années et le soleil de l'Inde ne changent point tellement le visage d'un homme fait qu'on ne puisse encore le reconnaître, sept années qui passent sur la tête d'une enfant font de cette enfant une jeune fille, et souvent la jeune fille ne ressemble plus du tout à l'enfant.

Un soir que le service de Kerbrie l'exigeait, Bernard avait quitté sa demeure et laissé une petite fille à la lèvre rouge et mutine, au sourire éveillé, à l'œil noir et profond, une petite fille de huit ou neuf ans, lutinant le docile et pacifique Pluton, riant parfois toute seule dans son berceau et bégayant encore cette langue gracieuse et spirituellement bredouillée de l'enfance.

Bernard se retrouvait en face d'une femme aux traits fatigués, malgré leur beauté remarquable, à l'œil noyé d'une teinte de mélancolie amère et sarcastique, femme qui portait plutôt vingt-cinq ans que seize, tant elle avait souffert déjà. C'était bien encore ces lèvres humides et rouges, mais la douleur les avait plissées dans les coins pour les armer d'un sourire cruellement ironique; c'était bien toujours cette chevelure abondante, crépue, aux énergiques reflets de jais, mais ils ne traînaient plus en boucles moirées et roulées sans art sur des épaules rondes et demi-nues ; une main habile les avait assujétis aux tyranniques caprices de l'art, les tordant en tire-bouchons ou relevant en chignon leurs flots d'ébène avec un peigne d'ivoire.

Et puis, quelle différence de costume ! les vêtements presque orientaux dont il se plaisait à la couvrir avaient fait place à l'élégante et ruineuse toilette des femmes à la mode ; son cachemire des Indes couvrait une robe de velours vert foncé, un jupon de dentelles dépassait imperceptiblement le bas de la robe, — les boucles d'oreille qu'elle portait valaient bien mille écus, et quant aux bagues qu'elle avait passées au même doigt par-dessus son gant paille, elles enchâssaient des pierres assez fines pour qu'on les pût croire sorties de l'écrin du fastueux Osman-Bey.

Sa métamorphose était si complète que

Bernard ne reconnut point Aïcha. Un père s'y fût trompé : et Bernard n'était père qu'à demi.

Il la regarda donc étonné, mais se demandant vaguement où cette voix avait déjà pu retentir à ses oreilles.

Et pendant qu'il la regardait, elle était, elle, muette, immobile, sans voix et sans haleine, attachant sur lui ses grands yeux brillants, pleins à la fois de joie et de terreur.

— Bernard! exclama-t-elle enfin, se précipitant vers lui les bras ouverts. Oh! vous n'êtes donc pas mort?

— Vous me connaissez, madame? fit-il avec une stupéfaction croissante.

— Si je vous connais, mon Dieu! vous me le demandez... Mais, fit-elle soudain en reculant, vous ne me reconnaissez donc pas, vous?

— Non, balbutia Bernard, au front duquel commençait à perler une sueur glacée, mais j'ai entendu votre voix... quelque part... Je ne sais où... mais je l'ai entendue...

— Mon père ! ! !

Et dans ces deux mots vibra puissant, irrésistible, un accent d'amour filial, une intonation de tendresse, un élan de l'âme enfin, qui semblait vouloir fondre en un seul cri tout un monde de joies et de douleurs, de tortures passées et de délices présentes... un cri devant lequel il fallait s'agenouiller pris de folie et de vertige !

— Votre père ? murmura Bernard en pâlissant soudain, je ne puis l'être... et vous vous trompez assurément, madame, car je n'ai jamais eu d'enfant.

— Oh ! s'écria-t-elle, ne dites pas cela, ne le dites pas ! car vous le savez bien, vous ne pouvez l'avoir oublié, il y avait une enfant, une petite fille...

Elle s'arrêta tremblante.

— Une petite fille, poursuivit-elle plus bas et plus tremblante encore, que vous abritiez dans votre burnous pendant les froides nuits du bivouac, que vous réchauffiez dans vos bras... que vous couvriez de baisers...

Bernard bondit sur ses pieds et s'élança vers elle :

— Aïcha ! s'écria-t-il dans un premier élan de tendresse et de spontanéité.

— Oui, Aïcha, répondit-elle, Aïcha, votre fille...

Elle s'arrêta de nouveau et baissa les yeux, tandis que la rougeur de la honte montait à son front.

Et Bernard, lui aussi, Bernard qui d'abord courait à elle éperdu, Bernard s'arrêta soudain et la regarda fixement.

Et, sous la poignante et froide obstination de ce regard, elle se sentit émue et chancelante, comme si le sol allait s'abîmer sous ses pieds.

Il la considéra longtemps, — longtemps il appuya sur son visage le rayon de son œil pénétrant et glacé comme l'acier d'une pointe d'épée, de son œil scrutateur; puis il fit deux pas en avant, posa la main sur l'épaule de la jeune femme et lui dit :

— Vous êtes donc bien riche que vous puissiez porter tissus de l'Inde et robes de velours?

Aïcha frémit d'un frisson convulsif et se tut.

— Vous êtes donc bien riche, poursuivit Bernard avec une intonation sinistre dans la voix, que vous puissiez acheter un palais comme celui-ci?

Aïcha, épouvantée, fit un pas en arrière.

Bernard fit un pas en avant et continua avec un accent de dédain glacé :

— Qui donc avez-vous volé au détour d'une rue pour pouvoir ainsi remuer l'or? Quel prince vous a donné sa main, que vous passiez à la vôtre des saphirs et des rubis?

La langue d'Aïcha était glacée et ses lèvres ne remuèrent point.

— Est-ce le dieu de vos pères? poursuivit Bernard, est-ce le prophète Mahomet qui vous a fait ces riches cadeaux, ou bien...

Et l'accent de Bernard devint strident.

— Ou bien, acheva-t-il en appuyant plus fort sa main sur l'épaule de la jeune femme, n'est-ce pas plutôt que ces oripeaux et ces diamants sont le prix de votre honneur que vous avez vendu ?

— Grâce! grâce ! s'écria soudain Aïcha tombant à genoux.

Bernard recula, croisa les bras sur sa poitrine et reprit froidement :

— Voulez-vous savoir une triste et navrante histoire, Aïcha ? Écoutez : — Il y a de cela deux cents ans peut-être. Un paysan breton avait un fils et une fille. Ils étaient pauvres tous trois, ils manquaient souvent de pain quand l'année avait été rude, et rarement ils avaient autre chose qu'une écuellée de grous pour leurs repas des jours de fête. Le père et le fils travaillaient à la terre, la fille prenait soin du ménage.

Or, il arriva qu'un jour la fille disparut. On la chercha longtemps, on ne sut pas ce qu'elle était devenue. Un berger prétendit qu'à la brune, il avait vu passer un cavalier l'emportant dans ses bras ; mais nul ne connaissait ce cavalier, et tout ce qu'on en put savoir, c'est qu'il portait le justaucorps de velours et les manchettes brodées des gentilshommes.

Il s'écoula une année, puis une autre... le père et son fils ne la revirent point. Un jour, il arriva que les soldats du roi passèrent dans le pays pour faire des recrues, le fils du vieux Breton fut contraint de les suivre. Le père, que le chagrin avait courbé en deux, resta seul dans sa chaumière, attendant toujours, l'insensé ! sa fille qui ne revenait pas.

Deux autres années s'écoulèrent encore. Un soir, le courrier de Rennes apporta au vieillard une lettre de son fils, soldat aux gardes françaises. Le fils apprenait à son père qu'il avait vu sa sœur à Paris.

Le vieillard prit son bâton, ceignit ses reins et partit. Il s'en alla à pied, car il était pauvre ; il mendia même en route. Le jour où il entra dans Paris était un jour de fête; les équipages sillonnaient les promenades; une foule étincelante était répandue par les rues, on criait : *Vive le roi !* à tous les carrefours.

Le vieillard traversa silencieux et sombre cette foule dorée et joyeuse, n'ouvrant la bouche que pour demander son chemin.

Il alla droit à la caserne de son fils, parvint jusqu'à lui et lui dit :

— Où est ta sœur ?

— Ma sœur, dit le jeune homme en couvrant de ses mains son visage où montait la honte, ma sœur habite un fastueux hôtel; elle a des laquais et des chevaux, des diamants et des dentelles.

— Conduis-moi à cet hôtel, dit le vieillard.

Et, sans se reposer une minute, il reprit sa route précédé par son fils.

Quand ils furent à la porte, le père mit un baiser au front du jeune soldat et lui dit :

— Va-t-en, et sers fidèlement le roi.

Le fils voulut parler.

— Va-t--en, répéta le père, je n'ai plus besoin de toi.

Il entra dans la cour d'honneur et demanda à voir la maîtresse de la maison. Comme il était vêtu de bure, les laquais le voulurent chasser. Mais il leva sur eux son bâton et passa outre. Il gravit le grand escalier, il traversa plusieurs salles splendidement meublées, il arriva jusqu'à un chaud et coquet boudoir au fond duquel la maîtresse du logis, en robe de cour, les bras nus, écoutait, le sourire aux lèvres, les propos galants de sept à huit jeunes seigneurs groupés autour d'elle.

Il s'avança vers elle d'un pas ferme, mit la main sur son épaule, comme je viens de mettre la mienne sur la vôtre, et lui dit :

— Me reconnaissez-vous?

— Mon père! exclama-t-elle comme vous tout-à-l'heure.

— Suivez-moi, lui répondit-il.

Et il s'en retourna par où il était venu.

Il descendit dans la cour, elle le suivit; il gagna la rue, elle le suivit encore; il traversa Paris et parvint aux faubourgs, elle le suivait toujours.

Ils couchèrent dans un bouge. Le lendemain avant le jour ils se remirent en route; ils allaient à pied par les grands chemins, elle avec son costume de bal et ses souliers de satin que les cailloux déchiraient, lui avec sa veste de bure et son bâton de houx : — tous deux mornes et silencieux, lui de douleur, elle de honte.

Ils marchèrent ainsi un mois, mendiant chaque soir un gîte dans une étable et un morceau de pain. Puis le dernier jour, comme la nuit tombait, ils atteignirent le seuil de leur chaumière abandonnée.

— Marthe, dit alors le vieillard, il fait froid, allumez du feu.

Elle obéit sans rien dire.

Il s'approcha de la flamme, réchauffa ses membres engourdis, puis ouvrit toute grande la porte de la chaumière et vint prendre une table boiteuse qui se trouvait au milieu et qu'il porta dehors à vingt ou trente pas de la maison. Après la table il prit un bahut, puis après le bahut les escabeaux, puis après tout ce qu'il y avait de meubles, d'ustensiles de ménage ou de travail, il arracha le dernier clou et la dernière corde et transporta le tout à la même place.

— Il ne faut pas, dit-il, que Jacques perde son héritage; je n'ai que cela à lui laisser. On ne vole pas en Bretagne, il retrouvera tout à son retour.

Puis il revint à sa fille et lui dit :

— J'ai soixante-dix ans; mes cheveux sont blancs et j'ai assez vécu : je puis mourir. — Vous êtes jeune, vous, vous êtes belle, mais vous avez au front le sceau de l'infamie et vous devez mourir. Nous avons assez vécu l'un et l'autre et nous allons mourir ensemble.

Et il ferma la porte, jeta la clé par la fenêtre, puis arracha un tison du foyer et l'approcha des poutres et de la toiture de chaume.

— Ce vieillard, Aïcha, se nommait Yvon Péláo et il était le grand-père du mien.

Bernard se tut et attacha son ferme et froid regard sur Aïcha.

A son tour, elle leva l'œil sur lui, mais cette fois d'un air assuré, sans trembler, sans rougir, et la pâleur de son visage n'accusait aucune terreur.

— Je vous comprends, mon père, lui dit-elle, je vous comprends et je suis prête.

— Bien, murmura Bernard, vous avez du cœur. Seulement nous ne mettrons point le feu à cette maison, car cette maison n'est pas à nous, nous ne creuserons point notre tombe dans un incendie, car l'époque où nous vivons est plus vulgaire que celle où se passait cette histoire, et le suicide, aujourd'hui, est moins grandiose dans ses apprêts. Un poignard pour vous, un pistolet pour moi...

— Pour vous? s'écria Aïcha, vous mourir?

— Mon aïeul ne mourut-il point?

— Oui, mais c'était sa fille !

— Et vous ? demanda simplement Bernard, n'êtes-vous pas la fille de mon cœur et de mon adoption ? ne m'avez-vous point appelé *votre père ?*

— Oh ! oui, vous êtes mon père par le cœur, mais non pas par le sang. Oh ! oui, vous m'aimez, en père, mais la honte qui m'enveloppe comme une robe de feu ne rejaillira point sur vous ! Et puis, ajouta-t-elle, je ne mérite pas que vous mouriez avec moi... je suis trop infâme !

Et comme il se taisait, sombre et le sourcil froncé :

— Mais auparavant, reprit-elle, je veux vous dire les larmes de sang que j'ai versées et ce que j'ai souffert. Vous me tuerez après, — la mort est un bienfait... Avant de porter sans honte et l'œil effrontément levé ces vêtements souillés dès leur source; avant de dresser insolemment la tête et de mener la vie sans pudeur, l'existence abominable des filles entretenues, avant cela j'ai aimé sincèrement, avec passion, sans intérêt, sans but... Avant, mon père, j'ai été successivement enfant abusée par une promesse menteuse, fille séduite et abandonnée, mère torturée et contrainte de donner le jour à son enfant au coin d'une borne, la nuit,—une nuit d'hiver, mon père, — en un carrefour désert, en face d'une église dont la porte était close, dont la fatalité m'interdisait le seuil, et sur les marches de laquelle je déposai le cadavre encore tiède de mon enfant... Avant d'avoir un carrosse, mon père, avant de traîner à mon char d'infamie des banquiers millionnaires et des notaires qui se ruinent pour moi, j'ai vendu mon corps pour un linceul, le seul vêtement qu'ait porté mon enfant ! — Puis encore, j'ai été tarifée, bafouée par de jeunes fous sans cœur et sans entrailles, qui m'avaient souffletée d'un sobriquet et me faisaient griser au milieu d'une orgie, parce que lorsque j'avais la tête prise, je pleurais et parlais de mon pauvre petit enfant; ils prétendaient que j'étais *drôle* !... Avant, enfin, j'ai parfois accepté... oh! pitié, mon père! — j'ai parfois accepté au coin d'une rue sombre, sous une porte noirâtre, au fond d'une allée humide et ténébreuse, un infâme marché pour pouvoir acheter le lendemain un vase de fleurs de vingt sous et le porter à Montmartre sur la tombe de mon enfant...

Et Aïcha, dont l'œil était demeuré sec et fiévreux jusque-là, se prit à fondre en larmes et se jeta aux genoux de Bernard :

— Mon père, murmura-t-elle, mon père, pardonnez-moi! Je ne refuse point de mourir, je mourrai heureuse et fière, car la mort me réhabilitera ; mais auparavant, oh! dites-moi que vous avez pitié de mes maux passés, que vous ne me méprisez pas, que vous ne me haïssez pas...

Bernard était silencieux et sombre et ne répondait pas.

— Car, voyez-vous, mon père, poursuivit-elle, si je me suis perdue, si je me suis jetée ainsi tête baissée dans la fange, ce n'est qu'après avoir lutté longtemps avec moi-même, combattu mon cœur avec ma raison. Oh! si vous aviez été là! mais je ne vous avais plus, je vous croyais mort... je serais allée me jeter dans vos bras, je vous aurais ouvert mon âme, avoué mon amour... demandé conseil... Mais Pornic, si bon qu'il pût être, ne m'aurait pas comprise... Pornic ne devinait rien de mes souffrances...

Aïcha s'arrêta et regarda Bernard. Bernard avait l'œil humide.

— Mon père, acheva-t-elle, en se traînant à ses pieds toute baignée de larmes et le corps agité d'une torsion fébrile, mon père! vous pleurez! Oh! merci... car cette larme qui coule sur votre joue est le signe de mon pardon.

Bernard se pencha sur elle et imprima ses lèvres sur son front pâli.

— Je te pardonne, dit-il.

— Oh! tuez-moi, mon père, tuez-moi vite à présent, vous m'avez pardonné!

— J'y songe, dit froidement Bernard,

tu es digne de mourir, enfant... la mort lave les souillures.

— Elle est digne de vivre! dit soudain une voix grave derrière lui.

Une porte venait de s'ouvrir, une portière s'était soulevée et un homme pâle et hautain, l'œil calme et le front uni, était sur le seuil examinant d'un regard rapide Bernard et Aïcha.

— C'était le prince.

XXXV.

JE ME NOMME KERBRIE.

— Le prince !
— Vous !
Exclamèrent en même temps Aïcha et Bernard.
— Moi, dit froidement le prince, moi

qui ai tout entendu et qui viens étendre ma main sur cette femme pour la défendre.

— La mort réhabilite, murmura Bernard.

— Folie ! fit le prince. Cette femme a souffert, cette femme a pleuré, elle a épuisé les tortures de la mère et les pleurs de l'amante. Les larmes et la douleur lavent les souillures les plus honteuses.

— Le souvenir survit... murmura encore Bernard.

— Le repentir efface. Cette femme vivra.

— Elle mourra avec moi.

— Toi, dit le prince avec calme, tu n'as pas le droit de disposer de ta vie. Ta vie m'appartient.

— Je vous l'ai dévouée, monseigneur, jusqu'à présent : vous n'en avez plus besoin.

— Elle m'appartient toujours, et *je ne veux pas...*

Le prince appuya sur ce mot et regarda

Bernard d'un œil sévère. Mais Bernard était arrivé à un degré d'exaltation et de douleur qui le fit s'emporter et répondre brusquement :

— Ma vie est à moi.

Le prince fit un soubresaut, et un frémissement convulsif de ses lèvres mit à nu ses dents blanches, tandis qu'un éclair de colère jaillissait de son œil hautain. Mais soudain, éclairs et frémissements disparurent, et il dit à Bernard, avec une certaine inflexion de tristesse dans la voix :

— Comment vous nommez-vous ?

— Bernard Pelao, répondit Bernard en tressaillant.

— Moi, je me nomme KERBRIE, fit le prince.

A ce mot magique, l'obstination de Bernard s'évanouit et il murmura humblement :

— Vous me rappelez mon devoir, monseigneur, vous serez obéi, je vivrai.

— Et elle aussi, dit le prince.

— Elle ! elle ! s'écria Bernard avec impatience, mais c'est ma fille, monseigneur, elle est souillée, elle est flétrie... Que voulez-vous donc qu'elle devienne ?

— Triple fou ! s'écria Osman-Bey avec colère, n'as-tu donc vécu sept années avec moi, marchant à ma droite, m'écoutant à toute heure, que pour conserver tes stupides préjugés de Bretagne et tes idées étroites sur la loyauté et l'honneur ?... Le suicide, — et qu'elle meure de sa propre main ou de la tienne, c'en est un, — le suicide n'est que la porte dérobée du courage. On meurt, parce qu'on n'a pas l'audace de regarder la vie en face; on meurt, parce qu'une souffrance de dix minutes est moindre qu'une douleur de plusieurs années... Le commerçant qui fait faillite se tue parce qu'il recule devant une existence misérable et pauvre qu'il pourrait consacrer à réhabiliter sa fortune. L'amoureux se tue parce qu'il tremble de rencontrer le lendemain, au détour d'une rue, la femme infidèle au bras d'un successeur heureux.... ; et la femme adultère se calfeutre et allume un boisseau de charbon, parce qu'elle redoute le plus atroce de tous les supplices : le pardon dédaigneux et pétri de mépris d'un mari qui poussera la délicatesse jusqu'à feindre d'oublier. Tu le vois bien, ami, la mort est une lâcheté, et la mort ne réhabilite point.

— Oh! vous avez raison, monseigneur, s'écria soudain Aïcha, la mort ne réhabilite point, mais elle est un terme à la douleur. J'ai trop souffert pour avoir le courage de souffrir encore, j'ai trop pleuré pour que mes yeux rouges et secs désormais ne brûlent point leur orbite et n'incendient pas mon crâne sous l'étreinte d'une torture nouvelle. L'heure qui vient de passer a creusé une abîme entre l'infamie et moi ; eh bien ! l'infamie m'attendra à chaque coin de rue, sur chaque promenade, pour me souffleter et me jeter à la face la fange du passé... Laissez-le donc me tuer, monseigneur, ayez pitié.... car, tenez, j'entends le bruit d'une voiture... écoutez...

Et Aïcha prêta l'oreille et se précipita frissonnante vers la croisée...

— Oh! tenez, tenez, s'écria-t-elle, voici le notaire qui vient, je reconnais sa voiture.... voici ma vie de honte et de fange qui hurle en bas et me veut reprendre.... voici l'infamie qui me réclame comme son bien... pitié! mon père!... tuez-moi!

Aïcha s'était jetée à genoux et embrassait étroitement ceux de Bernard.

Celui-ci, grisé par ces larmes, par ces cris, par le bruit de cette voiture qui s'arrêtait devant le perron, oubliant ce que venait de dire le prince, se jeta sur un poignard qui pendait au mur et le leva sur Aïcha, mais le bras de fer du prince le retint :

— Je suis le maître, dit-il, et l'on doit m'obéir. Cette femme ne mourra point.

— Mais, hurla Bernard, ayez donc pitié d'elle!

— Pitié! fit le prince, je ne connais pas

ce mot, quand il est uni à celui de suicide. D'ailleurs, ajouta-t-il avec impatience, j'ai besoin de cette femme, elle m'est nécessaire.

— Besoin? nécessaire?..... répéta Bernard comme un homme ivre.

— Sans doute, maître fou! crois-tu que le soin de ma vengeance ne passe pas avant tout? C'est pour elle que Kerkarakadec achète ce château, il faut que le marché soit conclu... il faut qu'elle joue son rôle jusqu'au bout.

— Grâce! exclamèrent en même temps Aïcha et Bernard, frémissant tous deux à la pensée qu'ils allaient se trouver en face du notaire qui venait acheter ses droits au poids de l'or.

— Il le faut, dit froidement le prince. Seulement, votre rôle est facile, madame, vous n'aurez qu'une lettre à écrire et vous ne le verrez pas.

— Oh! fit Aïcha en joignant les mains, tout ce que vous voudrez, pourvu qu'il ne vienne pas jusqu'ici.

— Eh bien ! dit Osman-Bey en indiquant du geste une table à la jeune femme, écrivez.

Aïcha prit une plume. Le prince dicta ce qui suit :

« Mon cher notaire,

» Je quitte à l'instant même Ville-d'Avray. J'ai conclu verbalement le marché au prix de cinq cent mille francs. Signez en aveugle et en mon nom. Je le veux ! »

— Signez, dit le prince, et fermez cette lettre.

— Mais, fit Aïcha, il viendra chez moi, il entrera de force.

— N'ayez crainte, dit le prince souriant, votre coupé va sortir sans vous par les derrières du parc. Maintenant, écrivez cette autre lettre :

« Mon cher notaire,

» La constance est la vertu indispensable
» à tout homme amoureux et spirituel ;

» vous êtes l'un et peut-être même l'au-
» tre. Je veux mettre votre constance à
» l'épreuve, et pour cela, je vais faire
» une absence de dix jours; ne me cher-
» chez pas, ne me suivez point, ce serait
» peine perdue. Au bout de dix journées
» de martyre, venez un soir au petit castel
» de Ville-d'Avray, donnez pour mot de
» passe à mes gens le mot italien *vendetta,*
» et vous serez introduit. Patience et cou-
» rage !

» A vous. »

— Signez, dit encore le prince. Maintenant, madame, il est bien loin de Paris et de la France, sous le ciel de l'Inde, une chaude et poétique contrée, notre nouvelle et bien-aimée patrie. Là, tout ce qui m'approche, tout ce qui m'appartient, tout ce qui m'aime voit un peuple à ses genoux, là mon nom est puissant et béni, — là n'arriveront jamais les mesquines agitations et les pauvretés bruyantes, les misérables médisances du monde parisien. J'ai là une douzaine de palais plus beaux, plus fastueux que celui-ci : vous choisirez. Cent noirs vous serviront et vous vénéreront à l'égal d'une reine. Là vous pourrez vivre heureuse; là vous pourrez attendre le lendemain sans rougir, car jamais les témoins de vos fautes passées n'y arriveront...

— Mais le souvenir de ces fautes... murmura Aïcha.

— Le souvenir, enfant? aux yeux des autres vous êtes souillée peut-être, mais à vos yeux et en présence de vos douleurs passées, l'êtes-vous? — Une mère qui prostitue son corps pour donner un coin de linceul à son enfant, Dieu lui pardonne... Vous partirez. Ce soir, mon enfant, vous trouverez au Havre un navire qui m'appartient, dont l'équipage vous obéira sans réplique. Adieu...

Et la voix du prince, cette voix si brève et si sèche naguère, s'émut à ce mot d'adieu, et il imprima un baiser sur le front d'Aïcha, comme si ce baiser eût dû effacer le stigmate de l'infamie.

— Mais mon père! murmura-t-elle, entourant de ses bras la tête baignée de larmes de Bernard qui sanglotait dans un coin.

— Il vous rejoindra plus tard... Adieu...

Et le prince sortit et alla recevoir le notaire qui commençait à s'impatienter.

XXXVI.

Osman-Bey, quoique simplement vêtu, produisit sur maître Kerkarakadec un de ces effets qu'au théâtre on nomme une *pose*... L'honnête notaire fut cinq grandes minutes à pouvoir trouver quelques mots de circonstance. Heureusement le prince coupa court à son embarras en lui présentant le premier billet d'Aïcha, c'est-à-dire celui où elle lui enjoignait de conclure le marché.

Ce billet produisit un effet magique et délia la langue du notaire, qui, à la vue de ce chiffre énorme, 500,000 fr., fit un soubresaut.

— Cinq cent mille francs! murmura-t-il; mais c'est énorme, monseigneur!

— Il m'en a coûté huit cents, dit nonchalamment le prince, et j'y perds cent mille écus. D'ailleurs, madame de Fonrose, qui vient de visiter le château et ses dépendances, n'a rien trouvé à redire à ce prix que vous qualifiez d'*énorme*. Et puisque vous n'agissez que comme notaire...

— Sans doute, se hâta de dire Kerkarakadec, mais je dois prendre ses intérêts cependant... et...

— Vous oubliez, fit le prince en souriant, que vous allez aussi devenir mon notaire, et que je compte vous charger du placement de ces cinq cent mille francs...

Le notaire bondit involontairement et eut toutes les peines du monde à dissimuler sa joie cupide...

— Cependant, murmura-t-il, madame de Fonrose a, il me semble, une fantaisie bien coûteuse.

— Mon Dieu ! fit le prince, c'est à prendre ou à laisser, en définitive... je garderai mon château.

— Au fait ! dit soudain le notaire, ceci la regarde, puisqu'elle le veut... j'ai ici un acte tout dressé avec le chiffre et la signature en blanc ; mais madame de Fonrose a eu tort de partir, il nous faut sa signature...

— Inutile, dit le prince, vous achetez en son nom.

Le notaire tendit l'acte à Osman-Bey, qui le parcourut rapidement, puis le signa.

— Maintenant, dit ce dernier, faites-moi simplement un reçu de cinq cent mille francs, madame de Fonrose versera à votre caisse; puis un autre de deux cent mille livres que j'ai là en portefeuille. Vous me trouverez un placement sûr et m'en avertirez.

Le prince compta la somme au notaire et ajouta :

— J'ai bien encore une somme à peu près semblable disponible, mais je crains...

— Oh! dit Kerkarakadec dont l'œil s'allumait, j'ai de nombreuses relations et j'ai précisément une affaire de terrains à construction... une opération magnifique...

— Soit! fit tranquillement le prince. Envoyez chez moi, à Paris, quand vous voudrez; je donnerai des ordres à mon intendant...

Maintenant, continua Osman-Bey, permettez-moi de vous congédier; il faut que je remonte en voiture à l'instant même.

Une heure après, le prince était sur la route de Bretagne avec Ali, et, l'or en main, stimulait si bien l'ardeur des postillons qu'il regagnait le temps perdu assez bien pour rejoindre Gérard de Rempés et lui fournir le moyen de poursuivre sa route.

Pendant ce temps, Aïcha demeurait cachée jusqu'au soir dans le castel de Ville-d'Avray. Puis, le soir, par les soins de Bernard, elle montait en chaise de poste et courait au Havre, où l'attendait le navire du prince.

———

En même temps le notaire regagnait Paris et courait rue Tronchet.

— Madame est sortie, répondait la jolie soubrette.

— Je le sais, mais elle doit être rentrée.

— Pas encore.

Le notaire frémit d'impatience et retourna chez lui pour minuter l'acte de vente du château de Ville-d'Avray et l'envoyer à l'enregistrement.

Une lettre était sur son bureau depuis la veille au soir ; il l'ouvrit. C'était celle de Gérard de Rempès qui réclamait une somme de trois cent cinquante mille livres qu'il avait confiée au notaire.

Kerkarakadec ouvrit sa caisse et la fit. Il avait la somme entière en numéraire, plus cent cinquante mille francs en papier réalisable dans les vingt-quatre heures.

— Bon ! pensa-t-il, les deux cent mille francs du prince viennent à propos, car du train dont va Aïcha.... Mais pourquoi diable me réclame-t-il ses fonds ? serait-ce manque de confiance ?...

Et le notaire creusa cette idée pendant dix minutes sans pouvoir résoudre la question. Heureusement la pendule de son cabinet sonna deux heures et le fit bondir dans son fauteuil.

— Elle doit être rentrée, s'écria-t-il, partons !

Dix minutes après, il était à la porte d'Aïcha.

— Madame n'est pas rentrée, répondait encore la soubrette.

Cette fois le notaire n'y tint plus, il voulut s'assurer de la vérité et passa presque sur le corps de la soubrette. Le logis était vide.

— Comme elle ne peut tarder, pensa-t-il, je vais l'attendre.

La soubrette, qui n'avait aucun ordre, ne s'y opposa point et l'installa dans le salon.

Il attendit une heure, il en attendit deux, il en attendit trois... La nuit vint, Aïcha n'avait point reparu. Alors le délire le prit, et il se prit à balbutier des mots incohérents et sans suite comme un naufragé qui nage avec désespoir vers la côte et voit la côte fuir devant lui.

Un coup de sonnette qui retentit dans l'antichambre l'arracha à cette situation vertigineuse et le fit se précipiter vers la porte.

Ce n'était pas elle !

C'était un vulgaire commissionnaire de coin de rue, un commissionnaire en veste bleue, à l'honnête et niaise figure, à qui un monsieur qu'il ne connaissait pas, avait remis une lettre pour la femme de chambre de madame de Fonrose. Cette lettre en renfermait une autre avec cette suscription :

« A monsieur Kerkarakadec, notaire. »

C'était l'écriture d'Aïcha.

Le notaire l'ouvrit en tremblant et poussa un cri déchirant, un cri d'Orphée perdant Eurydice : il apprenait le départ de la jeune femme pour un voyage dont il ignorait le but.... Cet homme si bien nourri, si robuste, tomba alors à la renverse et s'évanouit ni plus ni moins qu'une femme fluette et nerveuse. Puis, la syncope dissipée, grâce aux soins de la soubrette et du commissionnaire, il pleura ; et après les larmes revint le délire...

un délire furieux, s'il vous plaît ! qui le fit se lever et courir dans la rue comme un fou qui s'échappe d'une maison de santé.

Il pleuvait à seaux, il était tête nue et en habit noir. Si le notaire eût été jeune, beau, et non point affligé d'un large abdomen et d'une barbe presque rouge, il se fût présenté à nos lecteurs sous un jour tout-à-fait intéressant et dramatique, et vous eussiez eu pitié, madame, de cet homme galopant en souliers vernis, les cheveux au vent, la figure bouleversée, dans la fange et les ruisseaux de Paris.

— Où allait-il ? — il ne le sut pas durant vingt minutes, et ce ne fut qu'à la porte d'un entresol de la rue de Navarin qu'il se reconnut et comprit pourquoi il était venu jusque-là sans chapeau. — C'était là qu'il avait rencontré Aïcha pour la première fois.

C'était une de ces maisons de jeu clandestines tenues par une Madeleine en retour d'âge, fréquentées par une douzaine de banquiers aventureux, de gentilshommes un peu ruinés, d'agents de change amoureux, et par un essaim de jeunes et jolies femmes glanées dans toutes les pépinières célèbres, depuis les *Folies-Dramatiques* jusqu'à l'*Hippodrome*, en passant par les boudoirs de Breda-Street et les troisièmes dessous de l'Opéra. L'espoir machinal d'y trouver Aïcha avait amené le notaire; la crainte de ne point l'y rencontrer cloua immobile son poignet sur le gland de la sonnette. Il hésitait !

Tout-à-coup, un bruit aigu et métallique, une sauvage harmonie de pièces d'or heurtées, vint mourir à son oreille et le fit frissonner.

Il n'avait jamais joué, il avait toujours eu horreur d'une carte, mais la fièvre le reprenait ardente, implacable, la soif d'un étourdissement quelconque l'étreignait à la gorge et au cerveau, et, par une fatalité étrange, il lui vint à la mémoire un proverbe stupide :

— *Aux innocents les mains pleines.*

— Oh ! s'écria-t-il, en palpant dans sa

poche de côté le portefeuille volumineux que le prince lui avait confié le matin, il faut que je me grise avec un bain de napoléons; il n'y a que le délire de l'or qui puisse me faire oublier, une nuit, qu'elle est partie!

Et il sonna d'une main convulsive!

XXXVIII.

M. de Balzac a tracé de sa main de maître une scène de jeu dans plusieurs de ses livres.

Frédéric Soulié, Eugène Sue, Alexandre Dumas et Méry, pareillement et avec non moins de succès.

Nous-même en avons écrit une assez mauvaise quelque part.

Par ces motifs, nous nous dispensons d'essayer de nouveau la même peinture, et nous passons outre.

XXXIX.

Il était trois heures du matin.
La pluie tombait toujours, le vent livrait un assaut acharné aux lanternes des réverbères, les cheminées craquaient sous

ses étreintes et répétaient ses lugubres sanglots.

C'était une nuit perdue pour les chiffonniers, une nuit perdue pour les amants, une nuit d'enfer pour les maris affligés d'une femme nerveuse, une nuit lucrative pour les journaux qui racontent complaisamment les annales de la Morgue et les sinistres de la nature.

Un homme arpentait, cependant, les rues de Paris avec la vitesse d'un chat de gouttière, sans se soucier plus de la trombe qui l'inondait que du bain froid que prenaient ses jambes glavanisées.

Cet homme déboucha de la rue Laffitte ; il traversa le boulevard, et ne s'arrêta une seconde qu'à la porte d'une maison de la rue de Choiseul, où il sonna.

La porte ouverte, il s'élança dans l'escalier, pénétra à l'entresol, enfila plusieurs pièces sans lumière et n'alluma une bougie que dans la dernière.

Si vous l'eussiez vu, à cette lueur, vous eussiez reculé de stupéfaction. Cet homme était pâle, il avait l'œil fiévreux et hagard, la lèvre pendante, le geste saccadé; il fit jouer sous son poignet convulsif les serrures à secret d'un coffre-fort, il prit à pleines mains et fourra dans son portefeuille vide l'or et les billets qu'il contenait. Puis il repartit comme un forcené.

XL.

Au jour, l'orage était calmé, les pavés lavés et reluisants, les rues jonchées çà et là de débris de volets et de tuiles détachées des toits, sous le genou de l'ouragan. Un homme souillé de boue, les cheveux emmêlés, déboucha de nouveau de la rue Laffitte et s'arrêta pareillement rue de Choiseul.

Mais il ne courait plus, il marchait lentement, avec peine ; son œil, de fiévreux qu'il était durant la nuit, était atone et stupide ; il était voûté, quelques-uns de ses cheveux avaient blanchi durant cette nuit fatale. Il gagna l'entresol comme il l'avait déjà fait quelques heures auparavant, il traversa les mêmes pièces, il ne s'arrêta que dans le dernière et il se laissa tomber anéanti dans un fauteuil, sans prononcer un mot, sans pousser une plainte et jetant avec un rire insensé un portefeuille vide sur sa table.

Deux heures après, les clers de l'étude arrivèrent, puis avec eux se présenta un homme muni d'un vaste portefeuille ; c'était le vieux domestique de Gérard.

La caisse du notaire ne renfermait plus que les cent cinquante mille francs en papier : il la vida sans mot dire ; puis, comme il manquait encore deux cent mille francs et que les murs de son cabinet commençaient à exécuter autour de son cerveau martelé une danse frénétique, il se souvint des deux cent mille francs que l'intendant du prince tenait à sa disposition, et il envoya son garçon de recette avec son reçu, rue de Provence.

XLI.

Gérard payé, la caisse était diaphane. Cependant, le soir, maître Kerkarakadec gravit, à pas de loup, l'escalier de son appartement particulier, il pénétra comme un voleur dans la chambre de sa femme endormie, il ouvrit une armoire avec des précautions infinies, atteignit une cassette et prit la fuite.

Cette cassette renfermait les diamants de noces de sa femme; il les porta sans sourciller chez un juif qui lui compta dix mille francs, et, avec cette somme, il retourna rue de Navarin tenter le hasard, ce dieu de bronze dont les âcres caresses donnent la mort tôt ou tard..

Durant la longue journée qui venait de s'écouler, le notaire n'avait pas prononcé une seule fois le nom d'Aïcha : — Aïcha était bien loin de son souvenir.

Il n'entendait plus qu'un aigre bruissement de pièces d'or, il ne voyait plus dans les brumes d'un mirage intellectuel que des liasses de billets s'amoncelant sous ses mains avides.

Le notaire n'était plus amoureux... il était joueur. Osman-Bey était vengé d'avance.

XLII.

Depuis douze heures la note suivante courait rejoindre le prince à Kerbrie.

« Cette nuit, le notaire Kerkarakadec
» a joué pour la première fois de sa vie. Il
» a gagné d'abord, perdu ensuite ; au jour,

» ses pertes montaient à cinq cent cinquan-
» te mille francs. Si quelque événement
» imprévu ne l'arrête soudain, il jouera
» régulièrement tous les soirs et deviendra
» fou, tel est l'avis d'Alexis, mon banquier
» honoraire, lequel lui a gagné une partie
» de cette somme, en cinq rentrées de
» bouillotte. »

La note était signée : CLÉMENTINE AUDE-
LET, baronne de Caumartin.

Bien que cette note ait douze heures d'avance sur nous, nous essayerons de la rejoindre, et nous retournerons à cette chaumière de Normandie où madame de Maucroix et Ali avaient passé la nuit et dans laquelle le prince venait de pénétrer.

XLIII.

Madame de Maucroix était donc affaissée sur elle-même, les yeux fermés, la tête perdue, ployée et brisée sous le coup de cette révélation terrible qui venait la frapper au moment où un éclair de bonheur, une lueur folle et inattendue, avait un instant déchiré la nuit de son cœur et de son esprit.

Et pendant qu'elle gisait inanimée sur le sol, traînant dans la poussière et les cendres du foyer, éparses au souffle du vent nocturne, les dentelles et les velours de sa robe, tandis que ses belles mains crispées se raidissaient par une torsion convulsive autour de ses cheveux dénoués et en désordre, — le prince était là, debout et tranquille, un froid sourire aux lèvres, la tête dédaigneusement rejetée en arrière et la main appuyée sur la poignée de son stylet auquel, jadis, il avait lui-même servi de fourreau. Certes, celui qui n'eût jamais connu ni madame de Willermez, ni Gaston, celui qui eût ignoré le passé qui avait uni, comme un anneau de fer, ces deux êtres, qui n'eût point assisté aux souffrances de l'un, à la féroce impassibilité de l'autre, et que le hasard eût conduit pour la première fois en face de cette femme inanimée, et de cet homme railleur et calme penché comme un vampire sur les tortures de cette femme; — celui-là, disons-nous, eût pris cet homme en haine, donnant à cette malheureuse une larme de pitié et le nom de victime.

Gaston en eut pitié, cependant, à la fin : il finit par se dire qu'il avait aimé jadis cette femme, et il se demanda si l'infléxible loi du châtiment n'allait point, cette fois, plus loin que la faute elle-même.

Un moment il fut sur le point de se pencher sur elle, de la prendre dans ses bras, de la relever et de lui dire :

— Je me nomme Gaston de Kerbrie, et je te pardonne !

Mais soudain les lèvres serrées de la comtesse s'entr'ouvrirent et, à travers des mots entrecoupés, jaillit distinct et avec une ineffable expression le nom d'Ali.

Le prince poussa un rugissement et recula :

— Non, non, se dit-il avec un éclair de

coléré, pas de pitié! son amour est une torture de plus.

Et il sortit brusquement.

Il s'en alla d'un pas inégal, plein de brusques saccades, regagna la grande route et prit sa berline, qui l'attendait au relais prochain.

— Mon ami, dit-il au postillon, veux-tu gagner mille louis?

Le postillon vacilla sur sa selle et ne comprit qu'à demi, étourdi par l'énormité du chiffre.

— Si d'ici à huit jours, poursuivit-il, personne n'a su... *personne*, entends-tu bien? que j'ai, pendant une heure, quitté ma voiture, et que tu sois prêt à témoigner que tu m'as constamment vu derrière toi, assis sur ce coussin où je me place, les mille louis seront à toi.

— Suffit! dit le postillon, qui comprenait vaguement.

Un noir, de la suite du prince, assis sur le siège, était, avec le postillon, le seul être qui l'eût vu suivre la trace du cheval d'Ali.

— Maintenant, se dit le prince, elle croira qu'elle a fait un rêve. Il ne faut pas la tuer d'un seul coup.

Puis se tournant vers le postillon :

— Route de Kerbrie ! cria-t-il.

XLIV.

LE RÊVE.

Combien dura le léthargie de madame de Maucroix? elle ne le sut pas très-bien elle-même.

Les deux paysans, en descendant de leur étroite chambrette où ils avaient passé la nuit, la trouvèrent étendue sur le sol et lui prodiguèrent tous les soins que demandait sa situation. La syncope avait été trop brusque pour être dangereuse, — la comtesse revint aisément à elle et jeta sur ceux qui l'entouraient un regard d'étonnement profond. Cette chaumière, ces deux visages parcheminés, à peine entrevus la veille, rien de tout cela n'était fait pour rappeler à l'instant même ses souvenirs. Elle ne s'était jamais, sans doute, la belle comtesse, trouvée en position aussi étrange.

Mais la vue d'Ali penché à son tour, inquiet et rougissant, sur elle comme elle l'était sur lui quelques heures auparavant, lui rappela tout : — et cette nuit remplie de mystérieuses angoisses, de poignantes et douloureuses jouissances, — et la venue du prince avec lequel elle s'était trouvée soudain face à face, — et cette révélation terrible qu'il lui avait faite du bout des lèvres, l'ignorant! et qui l'avait ployée et renversée ainsi.

Mais où était le prince?

Elle ne le demanda point d'abord, mais son œil erra effaré, étincelant, fouillant les angles les plus profonds et les recoins les plus obscurs de l'humble maison rustique.

Le prince avait disparu!

Elle hésita longtemps, longtemps elle fut muette : enfin une ardente curiosité, un âcre besoin de savoir l'emporta.

— Où est-il? demanda-t-elle à Ali, attachant sur lui son œil où brûlait la fièvre.

— Qui, il? fit Ali étonné.

— Le prince.

— Mais, dit Ali naïvement, il doit s'approcher de nous à l'heure qu'il est.

— Il n'est donc plus ici?

— Ici! murmura le jeune Indien de plus en plus surpris et regardant madame de Maucroix.

— Sans doute, il y était naguère, tout-à-l'heure... ce matin...

— Je ne l'ai point vu.

— Mais vous dormiez!

— Cette pauvre dame est toute affolée, murmura la vieille femme; s'il était venu quelqu'un, nous l'aurions entendu.

— C'est vrai que la porte était ouverte ce matin, — fit le vieillard.

— C'est moi... dit la comtesse.

— Alors, madame, faut croire que c'est le diable qui vous a joué un tour malin... j'aurions bien entendu, allez!

— Mais ce n'est point un rêve! s'écria la comtesse, je l'ai vu, je l'ai bien vu!

— Mon Dieu! madame, fit Ali, comment voulez-vous que le prince, s'il était venu ici, eût pu nous laisser en pareil état, moi dormant et malade, vous évanouie et couchée sur le sol?

— C'est juste, dit la comtesse; pourtant je l'ai vu! Oh! je ne puis avoir rêvé, et puis il m'a dit...

— Il vous a dit? demanda avidement Ali.

Mais la comtesse s'était arrêtée émue et frémissante.

— Mon Dieu! dit-elle brusquement, je ne sais plus... ma tête se perd... j'ai rêvé peut-être...

Et elle se tut, et, se jetant sur le bord du lit que le jeune Indien venait d'abandonner, elle couvrit de ses belles mains son visage pâli par l'insomnie et la fièvre et se prit à songer.

A quoi songea-t-elle? quelle terrible rêverie étreignit son cœur et son front durant une heure? — Dieu le sait!

Tout-à-coup et pendant que les deux paysans et Ali se tenaient immobiles et muets à l'écart, respectant ce recueillement de la souffrance, deux larmes jaillirent à travers ses doigts et roulèrent tièdes et lentes sur l'albâtre de ses mains.

Et ces larmes, — croyez-nous, ô lectrice qui avez connu jadis madame de Willermez, — ces larmes étaient sincères!

— Était-ce le fer rouge de la jalousie qui les arrachait de son cœur? Peut-être.

Ali éprouva alors comme une sorte de pitié toute filiale pour cette femme qui pleurait. Quelles larmes de femme n'ont remué un cœur de dix-huit à vingt-deux ans?

Il s'approcha d'elle, s'agenouilla et lui prit les mains : — Pardonnez-moi, madame, lui dit-il, c'est moi qui suis la cause de ce que vous éprouvez. Votre terreur d'hier, jointe à l'insomnie de cette nuit, la fatigue que vous avez éprouvée en veillant à mon chevet, sont la source de votre évanouissement. Vous êtes tombée épuisée et vous avez fait quelque rêve pénible, dans lequel vous aurez cru voir le prince.

Et le charmant jeune homme pressait doucement et répandait sans y songer les magnétiques émanations de son œil de velours sur le visage de la comtesse.

Mais elle n'entendit point ce qu'il lui disait, elle ne sentit que la tiède pression de ses mains, elle n'éprouva que la chaleur ardente de son regard ; — et, tressaillant à une pensée soudaine, elle le repoussa brusquement.

Le jeune homme s'enfuit tout troublé à l'autre extrémité de la pièce.

Mais elle, comme honteuse soudain, comme repentante et confuse de son injuste dépit, elle se leva et alla vers lui.

— Pardonnez-moi, lui dit-elle, je suis folle.

Elle lui tendit sa main effilée, — il y imprima ses lèvres avec respect, et tandis que sa tête était penchée ainsi, la comtesse laissa tomber son regard sur les boucles luisantes de sa chevelure noire, et, les considérant d'un air distrait, se dit :

— Si j'avais rêvé, s'il ne l'aimait pas !

— Mon enfant, lui dit-elle soudain, quel costume portait hier le prince ?

— Celui, je crois, qu'il avait chez vous dernièrement.

— En êtes vous sûr ? demanda-t-elle frissonnante.

— Très-sur ! une tunique brune sur un pantalon blanc.

— Eh bien! s'écria la comtesse en respirant, alors j'ai rêvé. Le prince avait une veste nacarat ce matin.

— Dans votre rêve?

— Sans doute, fit-elle avec un sourire; mais il est tard, ce me semble, et je crois qu'il faut songer à partir.

———

Dix minutes après, le cheval d'Ali était sellé.

— Prendrez-vous ma croupe? demanda-t-il rougissant.

Sans doute à cette question une lutte secrète eut lieu dans le cœur de la comtesse : elle se souvenait peut-être des poignantes voluptés de cette course insensée de la nuit... Mais la nuit n'était plus là, les éclairs avaient éteint leur fracas et leur torche, le vent du matin avait balayé les nuages plombés de la nuit, le soleil versait une gerbe de rayons sur cette campagne désolée naguère et livrée aux furies de la tempête... la poésie du fantastique et du terrible s'était évanouie : le sacrifice était moins grand.

— Non, dit-elle, je veux aller à pied jusqu'à la grande route que j'aperçois à travers les arbres là-bas. Là, je vous attendrai et vous vous mettrez en quête de ma berline.

— Mais... balbutia Ali, la terre est détrempée... vous avez des souliers de satin.

— Chut ! dit-elle en souriant, je suis souffrante et les contrariétés m'agacent. Obéissez-moi... piquez des deux et allez à la recherche de ma voiture et de mon idiot de nègre.

Ali éperonna son cheval et partit courbé sur sa selle.

Elle était debout sur le seuil de la chaumière, elle le regarda s'éloigner et posant la main sur son cœur :

— Mon Dieu ! murmura-t-elle avec un

accent d'indicible angoisse, si je n'avais pas rêvé !

Et, se retournant aussitôt, elle embrassa d'un regard cette chaumière enfumée; cette table branlante, ces escabeaux boiteux, ce lit bâti sur un vieux coffre, ce foyer presque éteint, — toute cette misère rustique au sein de laquelle elle avait passé une longue nuit semée de terreurs et d'enivrements infinis, elle jeta à tout cela un coup d'œil de regret suprême qui semblait vouloir dire :

— Le bonheur était là !

Tout-à-coup elle s'approcha du lit où avait dormi le jeune Indien, et versa dans la courtine froissée en mille plis le contenu de sa bourse : une vingtaine de pièces d'or, peut-être ! Bachelet, qui avait beaucoup connu autrefois la baronne de Willermez, en eût haussé les épaules, certainement.

La comtesse s'élança alors, de nouveau, vers le seuil, pour voir si elle ne l'apercevrait point encore, fuyant à travers les arbres, si elle ne découvrirait point un lambeau de son blanc burnous flottant aux caprices du vent... Ali avait disparu déjà !

Mais l'œil de la comtesse, des sommets de l'horizon, se reporta à ses pieds, sur le sol encore ruisselant des pleurs de l'orage, et tout-à-coup elle se redressa l'œil en feu et toute pâle, comme si une couleuvre eût remué sous son pied. Devant elle, sur la terre détrempée, il y avait une empreinte légère de pas qui venait de l'est, semblait s'arrêter au seuil de la chaumière, pour se diriger ensuite vers l'ouest.

Ces empreintes étaient celles d'une botte allongée, étroite et annonçant un pied aristocratique, comme seul en pouvait avoir un nabab de l'Inde.

Elle n'avait donc pas rêvé !

Oh ! cette fois, elle ne s'évanouit point, elle ne poussa aucun cri de douleur et ne s'affaissa point inanimée, — mais la fièvre la reprit ardente, impétueuse, emplie d'hallucinations étranges ; et sans dire adieu à ses hôtes, sans les voir, sans songer même à eux, elle s'élança dans la direction de la grande route, avec une énergie et une légèreté toutes factices qui lui firent surmonter les difficultés incessantes qu'elle éprouvait en foulant de son petit pied la terre vaseuse où il s'enfonçait presque à chaque pas.

A peu près en même temps une chaise de poste apparaissait sur la route. C'était celle de la comtesse.

Au matin, le valet de pied qui, la veille, avait refusé de poursuivre sa route en compagnie du nègre et de la comtesse, s'était mis en quête de sa maîtresse et des événements de la nuit.

Il était donc parti avec deux chevaux et un postillon, avait retrouvé la berline et le vieux nègre qui continuait à divaguer et duquel il n'avait pu tirer aucun éclaircissement; puis enfin il avait rencontré Ali, lequel lui avait tout expliqué.

Le valet et le jeune Indien trouvèrent la comtesse mourante et brisée par la fatigue et l'émotion. Ce n'était plus la tête de fer, le cœur d'airain, le bras d'acier dont nos lecteurs se souviennent peut-être, la femme qui avait la force morale et la force physique de poignarder et de jeter un homme à la mer; c'était une créature faible et haletante, torturée et sans voix, — qu'il fallut prendre à bras le corps et placer dans la voiture, comme un enfant qui a perdu, d'un seul coup, l'usage de ses membres et celui de sa raison.

Alors la douleur morale s'affaissa graduellement sous le poids de la lassitude physique, l'arc se détendit, la fièvre s'apaisa; elle laissa tomber sa tête en arrière et s'endormit d'un lourd sommeil, tandis que la chaise roulait à triples guides vers le château de Kerbrie.

———

Quand madame de Maucroix s'éveilla, le soir approchait et la chaise de poste roulait au milieu des landes arides du Finistère.

C'était, succédant aux grasses campagnes normandes, à ces plaines vertes et sans cachet aucun, les sites poétiques et pleins de caractère de la pierreuse Bretagne : les bruyères noires mouchetant la lande grise et sans fin, le mamelon tourmenté et brûlé couvert à son sommet d'une aigrette de chênes-liéges ou de châtaigniers, le maigre filet d'eau roulant avec fracas sur un lit de rochers, les horizons lointains des forêts découpant leur ligne sombre sur le fond cendré du ciel, çà et là, la flèche aiguë d'une ruine féodale, le vieux mur écroulé à demi au pied duquel un pâtre à cheveux blancs, vêtu du pittoresque costume breton, chantait sur un rhythme long et bizarre quelque légende armoricaine dans l'incompréhensible et antique langue du pays; — parfois de grands bœufs roux et blancs ou des vaches noires paissant un maigre pâturage au flanc d'un coteau; — et tout cela dominé par un bruit sourd, continu, monotone, la grande voix de l'Océan qui rêvait, endormi, et dont la respiration gigantesque arrivait à l'oreille du voyageur avant que son œil eût pu découvrir dans le lointain ses vagues moutonnantes et grises et les distinguer des brumes qui enveloppaient le ciel occidental comme un oreiller de gaze prêt à recevoir le soleil dont le crépuscule éteignait le dernier rayon.

Madame de Maucroix avait, en dormant, laissé tomber sa tête sur l'épaule d'Ali assis à côté d'elle. Elle eut honte de cette faiblesse involontaire et se rejeta en arrière avec un sentiment de pudeur effarouchée. Mais Ali n'y prit garde, Ali ne sentit point alléger son épaule, Ali était penché à la portière, confiant sa rêverie vague à la poésie qui l'environnait, à ce site mélancolique, à ce soleil couchant, à cette mer dont il commençait, sans la voir, à entendre les mystérieuses et monotones sanglots.

Il fallait que son rêve fût bien profond.

Madame de Maucroix le devina. — Elle était calme alors, le sommeil avait rendu à son esprit sa haute intelligence et sa merveilleuse finesse de perception : elle comprit, d'un regard, combien peu ce naïf jeune homme avait fait attention à elle depuis plusieurs heures, combien peu il avait apprécié le bonheur d'avoir appuyé sur son épaule une tête pâle et charmante qui sourit parfois en rêvant, dont l'haleine bruisse tiède et parfumée dans vos cheveux, dont les cheveux errent en boucles capricieuses sur votre cou, — bonheur si fugitif souvent, si rare et si charmant dans son ignorance de lui-même, qu'on n'ose faire un mouvement et respirer de peur qu'il ne s'évanouisse, alors que le moindre bruit, la moindre secousse, le moindre mot oublieux peut souffler impitoyablement dessus.

Il n'avait rien senti, l'enfant ! Il n'avait point pris garde à cette femme abattue et brisée que le sommeil enveloppait d'un prisme, il n'avait point songé, le candide, qu'il pouvait imprimer ses lèvres légères et frémissantes sur ce front pâli, sans qu'un œil s'ouvrît courroucé pour lui demander raison de cette hardiesse...

Il rêvait ! il rêvait à son pays peut-être, peut-être aussi à une femme autre que celle que le dépit et la douleur tordaient maintenant à côté de lui, et il n'entendit pas même la petite toux involontaire qui s'échappa de la poitrine fatiguée de la comtesse.

Les femmes pardonnent souvent une impertinence, mais l'indifférence les blesse cruellement.

Madame de Maucroix eut un violent accès de colère et de dépit, et éprouva, une seconde, une sorte de haine implacable pour ce jeune homme insoucieux à qui le hasard ouvrait à deux battants les portes de l'Éden et qui dédaignait d'y entrer.

Puis le souvenir lui revint; cette empreinte fatale de pas sembla reparaître lumineuse sous son œil comme les trois mots du festin de Balthasar, et, avec elle, la conviction qu'elle n'avait point rêvé, que le prince lui était bien apparu, et qu'il avait dit vrai en prétendant qu'Ali aimait *une de ses filles.*

Alors, à la vue de ce jeune homme toujours penché à la portière, toujours rêveur et mélancolique, une pensée atroce lui vint :

— Il songe à elle !

Et cet éclair de haine qui l'avait brûlée déjà revint, une minute encore, étreindre son cœur et son cerveau. Elle posa une main fiévreuse sur la crosse des pistolets qu'Ali avait placés dans une poche de la berline, et de même que le prince s'était dit le matin en la voyant penchée sur le chevet d'Ali : Si je la tuais ! elle, en songeant qu'une autre occupait sa tête et son cœur, qu'ailleurs étaient son âme et son rêve, qu'une autre était aimée, qu'une autre pouvait être heureuse, elle éprouva un tressaillement de jalousie féroce et se dit :

— Si je le tuais ! il ne l'aimerait plus !

Elle retira l'arme à demi, hésitant peut-être, tremblant à coup sûr ; mais, implacable et forte comme dans le bon temps de madame de Willermez, elle l'éleva lentement à la hauteur de la tête du jeune homme et mit son doigt rosé sur la détente...

L'enfant avait la tête tournée à demi et ne voyait rien.

Elle hésita un moment encore, un moment elle se sentit frémir et trembler de tous ses membres ; mais elle était grisée, elle pressa le ressort...

Heureusement, le coup ne partit point.

Le pistolet n'était point armé, et madame de Maucroix, qui maniait beaucoup mieux le poignard que les armes à feu, avait oublié ce menu détail.

La comtesse devint affreusement pâle, mais son émotion trahit soudain une sorte de joie étrange, comme le rayonnement qui s'échapperait de l'œil déjà voilé du condamné que l'on gracie sur la dernière marche de l'échafaud.

Cette détente pressée en vain lui avait rendu un éclair de raison...

Elle l'aimait encore!

Au moment même Ali se retourna et demeura stupéfait en voyant la comtesse éveillée et tenant encore à la main un de ses pistolets.

— J'admirais la finesse de ces armes et les riches incrustations dont elles sont ornées, lui dit-elle avec un sourire contracté.

Cela parut fort naturel à Ali, qui demanda :

— Qu'est-ce que ce château qu'on voit là-bas, à l'extrémité de l'horizon, sur un banc de rochers?

La comtesse regarda et reconnut son manoir.

— C'est Kerbrie! répondit-elle.

—Ah! fit-il négligemment; tant mieux.

Et il se pencha de nouveau en dehors.

La comtesse étouffa un rugissement et

éleva de nouveau le canon du pistolet à la hauteur de son œil; — mais son bras retomba sans force... la crise était passée, — elle l'aimait toujours !

XLV.

KERBRIE.

Ce n'était presque plus le vieux manoir où nous vous introduisîmes, lectrice, au seuil même de cette histoire, — ce manoir austère et respirant de la base au faîte un parfum de roideur chevaleresque et de noblesse pleine de dédain. — Ce n'était presque plus la demeure noircie et lugubre de dix générations de preux dont l'écusson disparaissait sous la poussière historique et la fumée opaque des siècles écoulés. La mer déferlait bien encore au pied, essayant de ronger sa base de roches vides avec sa dent patiente et implacable; le lichen croissait bien, comme toujours, aux flancs des tours crevassées, les ogives enchâssaient comme autrefois des vitraux de couleur; les tapisseries de haute lice et les bahuts de la renaissance garnissaient encore les salles antiques où les Kerbrie des âges éteints se promenaient gravement avec leurs chaussures de fer : le parc, enfin, ce parc aux murs de six pieds, entouré d'un fossé profond, dressait toujours aux nuées grises du ciel breton ses grands arbres chevelus et noueux; — et, à première vue, c'était toujours le vieux Kerbrie, le fier castel, qui semblait, le poing sur la hanche, compter dédaigneusement les humbles chaumières de la plaine et les

noires bruyères de la lande... Illusion!
— Illusion! — Car si les murs extérieurs,
le cachet, comme on dit, avaient été respectés, l'intérieur semblait dire au visiteur qu'il admettait sous ses lambris : J'ai
revêtu un certain parfum du dix-neuvième
siècle qui se marie à ravir avec mes antiques splendeurs que le temps avait insultées; mes vitraux sont lavés, mes plafonds
nettoyés, mes écussons sont redorés, mes
boiseries aux fines sculptures habilement
stéarinées, et mes tapis du temps de
Louis XIII époussetés soigneusement. Si
mes salles moyen-âge n'ont perdu que
leur couche de poudre séculaire, mes petits appartements enferment aujourd'hui
les meubles de Monbro et de Tahan; si
j'ai fidèlement gardé les toiles enfumées
qui représentent mes anciens maîtres, j'ai
de ravissants tableaux de Giraud, de
Mulher et de Rosa Bonheur dans le boudoir parfumé de ma jeune et belle maîtresse qui foule de son petit pied les plus
moelleux chefs-d'œuvre des Gobelins; si je

puis encore offrir à l'œil des peintres et des poètes mes escabeaux et mes incommodes fauteuils gothiques, je réserve ensuite à leur paresse des divans à la turque et des voltaires complaisants.

Mon parc a conservé ses ormeaux et ses marronniers plusieurs fois centenaires, mais leurs rameaux s'inclinent à présent au-dessus d'un capricieux jardin anglais qui court sous leur ombre en plates-bandes de fleurs rares et d'arbustes enlevés aux serres les plus riches.

J'ai bien encore mon pont-levis, mais il reste baissé nuit et jour, et le bruit criard de ses chaînes rouillées ne vient plus troubler mon sommeil à l'heure où jadis sonnait le couvre-feu.

Je ne suis plus enfin Kerbrie le baron, Kerbrie le sombre et le terrible, je suis Kerbrie le policé, Kerbrie le muselé, à qui on n'a laissé son attitude guerrière qu'à titre de curiosité artistique ; Kerbrie le vieux lion aux ongles rognés par une jeune femme.

Et, en effet, tout avait été restauré, modifié, assoupli, — qu'on nous passe le mot, — dans le domaine de la baronne centenaire.

Après vingt années de solitude, Kerbrie s'était repeuplé, mais ses vieux serviteurs ne devisaient plus, les soirs d'hiver, autour de l'immense feu des cuisines. Des vieux serviteurs, quelques-uns étaient morts. Les autres avaient hérité, on les avait congédiés, et, seul d'entre eux, le pâtre qui avait pleuré le jour du testament, le pâtre qui attendait son maître et dont le cœur avait tressailli à la vue de Gaston, celui-là seul, disons-nous, avait demandé la grâce de mourir à l'ombre des murs où il était né.

Ce n'était plus d'ailleurs qu'un débile vieillard, presque idiot, la tête branlante, toujours morne, toujours silencieux au milieu des nouveaux domestiques de la nouvelle maîtresse du manoir. Il était aux trois quarts aveugle, du reste, il perdait parfois la mémoire et n'était pas toujours bien sûr que celle qu'on nommait à présent *madame* ne fût point encore madame Hermengarde-Honorée de Kerbrie, défunte depuis vingt-sept années.

Une heure avant le départ de Paris de madame de Maucroix, un courrier était parti à franc étrier pour annoncer son arrivée, faire faire au château une toilette convenable, et prévenir de la visite d'un prince étranger.

Ce courrier arriva le lendemain vers midi.

Au soir du même jour, et tandis que le soleil disparaissait rougeâtre et sans rayons à la ligne extrême de l'horizon où la mer et le ciel se donnaient un éternel baiser, un bruit de grelots de poste se fit entendre en bas de la côte que dominait Kerbrie, et précipita hors des offices les dix ou douze serviteurs qui gardaient le manoir en l'absence des maîtres.

— Voici madame.

Tel fut le cri unanime.

— Madame ? murmura le vieux pâtre, je croyais qu'elle ne quittait plus son appartement... Elle est d'un si grand âge !..

— Imbécile ! vieux fou ! s'écrièrent les laquais, comme ceux qu'ils servaient, enfants de ce siècle où l'on se moque de la vieillesse lorsqu'elle n'est pas cousue d'or.

Mais le pauvre vieux ne les comprit point, il retrouva ses jambes de vingt ans et suivit le flot.

Une chaise de poste entra dans la cour : un homme en descendit, c'était le prince !

— Madame la comtesse de Maucroix est-elle visible ? demanda-t-il négligemment au valet qui lui offrait son coude avec empressement.

— Madame la comtesse n'est point arrivée encore, et sans doute monseigneur n'aura pas suivi la même route qu'elle.

— Il se peut, fit le prince en suivant le valet qui le priait de monter au salon tout prêt à le recevoir.

Mais un homme lui barra le chemin. C'était le vieillard presque aveugle. Il lui mit respectueusement sa main décharnée sur l'épaule et lui dit :

— Parlez donc encore... parlez un peu...

— Que voulez-vous de moi, mon ami?

Le pâtre appuya la main sur son cœur :

— D'où venez-vous? dit-il.

— De Paris, répondit le prince étonné.

— Parlez encore, continua le vieillard.

— Pourquoi me demandez-vous cela?

— C'est que, fit le pâtre, vous avez bien la voix de Kerbrie.

Le prince tressaillit.

— Vous vous trompez, mon ami, dit-il.

— Nenni! dit le pâtre, vous êtes un Kerbrie, allez, marchez! je vous reconnais...

— Quel est cet homme? demanda le prince avec émotion.

— Oh! dit, avec un ton de suffisance impertinente qui méritait une volée de bois vert, le laquais introducteur, ne faites pas attention, monseigneur, c'est un vieil idiot qui rêve de ses anciens maîtres tout éveillé, comme s'ils n'étaient pas morts.

— Ah ! fit froidement le prince.

— C'est bien continua le pâtre... très-bien de revenir, mon beau sire, car il y a soixante ans passés que les Kerbrie manquent d'ici...

Un éclat de rire de la valetaille couvrit la voix chevrotante du pâtre.

— Ne riez pas, dit le prince avec hauteur, n'insultez point à la folie de ce vieillard, elle commande le respect.

Puis il ajouta avec douceur en s'adressant au dernier serviteur des Kerbrie :

— Je ne suis point celui que vous croyez, mon ami ; mais il reviendra, allez...

Et le prince passa outre et gravit l'antique escalier à balustre de fer et marches de pierres qui conduisait au premier étage du château.

— C'est drôle ! grommelait en même temps le pâtre qui s'accroupissait sur le dernier degré ; c'est drôle qu'il ne veuille pas avouer qu'il est Kerbrie...

Et il se prit à songer.

Le prince s'installa au coin du vaste feu qui flambait dans la salle d'honneur, celle où jadis les cohéritiers se partagèrent la fortune de la centenaire.

— Monseigneur désire-t-il être servi ? lui demanda-t-on.

— Du tout, j'attendrai la comtesse, qui ne peut tarder sans doute.

Il s'approcha de la fenêtre :

— Il est jour encore, dit-il, puis-je visiter le château ?

— Sans doute, monseigneur.

— Eh bien ! dit-il en se levant, la comtesse m'a beaucoup parlé de l'aile droite, laquelle a conservé son mobilier d'autrefois. Commençons par là.

Le prince traversa successivement plusieurs vastes salles ouvrant toutes sur la plate-forme, il examina avec une scrupuleuse attention de connaisseur les meubles, les boiseries et les tentures, puis il arriva à la chambre bleue, où sept années auparavant Gaston de Kerbrie avait soupé avec Bernard, et où encore madame de Willermez lui était apparue au milieu de la nuit.

— Quelle est cette chambre ? demanda le prince.

— La chambre d'honneur du château.
— Celle qu'on donne aux étrangers ?
— Oui, monseigneur.
— Et par conséquent la mienne ?
— A moins que monseigneur n'en désire une autre.

— Du tout. Je la trouve fort bien. Qu'est-ce que ces toiles ?

— Les portraits de famille des barons de Kerbrie.

— Ah ! très-bien. Pouvez-vous me dire leurs noms ?

— Dame ! fit le valet, j'avoue humblement à monseigneur... mais madame la comtesse...

— Cela suffit. Voyons la plate-forme.

Et le prince s'approcha du fameux parapet par-dessus lequel madame de Willermez avait lancé Gaston de Kerbrie à la mer.

Le prince s'y accouda et, jetant un long regard à l'Océan, il se prit à rêver.

Puis il se tourna soudain vers le valet :

— Allez me chercher un cigare, dit-il, vous en trouverez dans les poches de ma voiture.

Le laquais s'inclina et partit.

Le prince s'accouda de nouveau au parapet, regarda de nouveau la mer, puis les rochers aux pointes desquels le vieil Océan déchirait ses lames écumantes comme un cheval qui ronge et blanchit son frein, — et sa rêverie profonde et tenace le reprit :

— Comment diable! murmura-t-il enfin, ne me suis-je donc point broyé aux lèvres de ce gouffre? Comment les aspérités de cette roche n'ont-elles point fait de mon corps une dentelle sanglante? C'est à douter que j'aie fait jamais une pareille chute, et je commence à croire que la Providence avait ses vues secrètes.

La Providence !

Le prince eut un amer sourire en prononçant ce mot, puis son front s'assombrit graduellement sous l'étreinte d'une pensée soudaine :

— Oh ! le doute, fit-il, toujours le doute !

Et, quittant le parapet, il croisa soudain les bras sur sa poitrine, regarda le ciel et se dit lentement et à haute voix :

— Je me suis pris à croire souvent que la cendre des aïeux devait avoir le droit et le pouvoir de remuer, à certaines heures, dans la couche de marbre où elle repose, de redevenir un corps et une âme, et de marcher là où sa postérité vit encore, là où sa race erre au seuil du doute et dans les ténèbres de l'incertitude, pour la conseiller et la conduire. Eh bien ! je vais m'adresser à mes pères.

Et il rentra dans la chambre bleue ; et là, tête nue, la main sur la poitrine, la jambe fièrement posée en avant, comme un vrai fils de gentilhomme qu'il était, il regarda face à face tous ces portraits de chevaliers muets et graves dans leur cadres d'or, et leur dit :

— Mes pères, on m'a volé votre héritage, les valets se sont assis dans le fauteuil où vous vous êtes assis tous et qui était le mien, ils ont bu dans la coupe où tous vous avez bu et qui était la mienne, ils ont chassé vos serviteurs qui étaient les miens comme ils avaient été les vôtres, ils ont morcelé et dilapidé le patrimoine que vous m'aviez laissé intact, ils se sont proclamés les maîtres sous le toit où après vous nul n'était maître que moi!

Mes pères, il s'est trouvé une femme qui a foulé aux pieds un Kerbrie, une femme devant qui a pleuré un Kerbrie, une femme qui a poignardé un Kerbrie... Ce Kerbrie, c'est moi! Mes pères, au nom de l'écusson que vous m'avez légué sans tache, au nom des ducs de Bretagne et des rois de France que vous avez tous loyalement et tour-à-tour servis, je vous adjure de me répondre : — dois-je punir ceux qui m'ont volé mon héritage? —

dois-je punir la femme qui m'a enfoncé son poignard au sein, et à cause de qui le dernier de vous, mon père, est presque mort de faim ?

Si vous le permettez, restez immobiles et silencieux ; si vous trouvez la vengeance indigne d'un gentilhomme, que le plus pur et le plus noble d'entre vous descende de son cadre et me dise : — Je ne veux pas !

Et le prince attendit dans une pose pleine de majesté que la cendre des vieux barons tressaillît au fond du cercueil.

Et certes, à cette heure, ce n'était plus ni le poète d'autrefois, ni le nabab indien d'aujourd'hui, l'un croyant à l'amour, l'autre mettant ses rubis et son or au service de sa vengeance, — c'était un fier et beau gentilhomme, un fils de preux s'il en fut, que le sang de sa race rendait religieux et crédule comme ses pères du moyen-âge et leur demandant un miracle, ne doutant point qu'ils ne fussent prêts à le faire si l'honneur de leur nom l'exigeait.

Mais les vieilles toiles ne remuèrent point, les austères visages des barons demeurèrent immobiles, aucun d'eux ne quitta son cadre. Et comme, soudain, un bruit de voiture retentissait dans la cour annonçant l'arrivée de la comtesse, le prince s'écria :

— Madame de Maucroix, mes pères vous ont condamnée ! et vous avez eu tort de ne point me frapper d'une main plus sûre. Le dernier des Kerbrie n'est point mort !

Le valet revenait avec les cigares :

— Madame la comtesse descend de voiture, dit-il, et elle attend monseigneur au salon.

XLVI.

Madame de Maucroix était fort pâle et sa pâleur redoubla à la vue d'Osman-Bey.
— Mon cher prince, lui dit-elle, dites-moi si je suis bien éveillée ?

— Mais, fit-il en lui baisant la main, je le crois, madame.

— C'est que, dit-elle, ce qui m'arrive est plus qu'étrange.

— Que vous arrive-t-il donc? fit-il avec beaucoup de calme.

Elle le considéra froidement, avec attention, et reprit :

— Comment se fait-il que vous soyez arrivé avant moi?

— Parce que, probablement, je suis parti avant vous, madame.

— Mais nous nous sommes vus ce matin...

— Pas que je sache! car j'ai couché chez M. Gérard de Rempès, et vous ai envoyé, hier soir Ali, pour vous prier de m'excuser de ce retard.

— Oh! s'écria la comtesse, ceci est vraiment trop incroyable! Comment! vous ne m'avez point trouvée ce matin dans une chaumière, entre Damigny et la Lacelle... au chevet de votre jeune Ali... exténuée de fièvre, la tête alourdie... encore sous le coup des événements de la nuit?

— Quels événements, et que voulez-vous donc dire; car vraiment, madame, je commence à croire, comme vous, que vous n'êtes pas bien éveillée?

— Ceci est trop fort! exclama la comtesse; écoutez-moi.

Et elle lui raconta une partie des événements de la nuit, puis comment, au matin, elle s'était retournée à un bruit de pas, l'avait reconnu et...

Ici la comtesse eut une version différente.

Et, troublée de cette rencontre fortuite, déjà folle, brisée, elle s'était évanouie sans savoir pourquoi; puis, revenue à elle elle n'avait plus trouvé le prince.

— Mais, fit celui-ci gravement, vous avez eu un transport au cerveau : vous eussé-je laissée en pareil état?

— Voilà où ma raison se perd.

— Mais Ali m'aurait vu.

— Ali dormait.

— Mais cette chaumière était donc déserte?

— Les habitants dormaient aussi.

— Ma chère comtesse, dit le prince avec enjouement, vous avez rêvé.

— Rêvé ! rêvé ! mais je vous jure !...

— Ne jurez pas, comtesse, ou je croirai que vous continuez votre rêve.

— Mais enfin, s'écria-t-elle avec impatience, il y avait à la porte une empreinte de pas.

— C'est une suite de l'hallucination.

La comtesse se tut une fois encore et appuya son regard scrutateur sur le visage du prince.

Ce visage demeura impassible et pas un muscle n'en tressaillit.

— Tenez, dit-elle enfin, ou je suis folle, ou vous êtes un démon !

— Oh ! comtesse ! pourquoi ce titre ?

— Pourquoi ? pourquoi ? mais le sais-je ? et tout ce qui m'arrive n'est-il pas là pour attester...

— Qu'après une secousse pareille à

celle que vous avez éprouvée cette nuit, qu'après une course à travers champs sous le vent et la pluie, une nuit d'insomnie au chevet d'un malade, — il n'est rien de plus naturel que de s'endormir de lassitude, d'avoir le cauchemar et de croire ensuite à son rêve comme à une réalité.

— Je suis folle! murmura la comtesse.

— Tenez, dit le prince, je vais vous convaincre.

J'avais un seul domestique avec moi, faites-le venir, il vous dira s'il m'a quitté.

— Oh! je vous crois.

— Où est Ali?

— Me voilà, dit Ali en entrant.

— M'as-tu vu? demanda le prince.

— Où? fit le jeune Indien.

— Ce matin, dans la chaumière?

— Non, dit Ali.

— As-tu vu des empreintes de pas?

— Je n'ai pas remarqué.

— Voyez, madame, fit le prince, un Indien ne remarque pas de traces de pas quand ces traces n'existent point ; sans cela...

— Oh ! fit Ali, c'est que je songeais...

La comtesse tressaillit :

— A quoi ? demanda-t-elle brusquement.

— Eh ! mon Dieu ! dit le prince avec un sourire, à quoi donc voulez-vous que songe un jeune homme de dix-huit ans ? A quelque femme au long et doux regard, aux mains de fée, à la taille de reine, — à quelque femme qui lui est apparue peut-être le front inquiet et l'œil humide, qu'il a vue penchée une seconde sur son rêve...

La comtesse se sentit frémir et leva de nouveau sur le prince son œil profond et froid.

Le prince soutint le regard.

Oh ! pensa-t-elle, je rêve décidément toujours. Tout cela est impossible. Et puis...

Son regard tomba sur Ali qui se tenait devant elle les yeux baissés. De ce regard jaillit un éclair rapide, et simultanément cette pensée lui vint :

— Si tout cela n'était qu'un rêve, en effet, et si c'était moi...

Elle s'arrêta frissonnante.

— Mon Dieu ! madame, poursuivit le prince, je vous trouve d'une pâleur extrême, et cette pâleur me confirme votre état de fièvre. Mon médecin est en route pour Kerbrie et arrivera au plus tard demain matin. D'ici là...

— Oh ! fit la comtesse, vous allez trop loin, cher prince : j'ai eu le cauchemar, je vous l'accorde, mais je ne suis pas malade à ce point... Tenez, je crois deviner, j'ai faim.

— Précisément, le remède est trouvé.

La comtesse étendit sa belle main vers le gland d'une sonnette.

— Servez, ordonna-t-elle.

Mais elle effleura à peine un consommé, elle rongea du bout des dents une aile de perdrix, et se laissa aller malgré elle à une rêverie laborieuse qu'elle n'interrompait de temps à autre que pour reporter son œil interrogateur sur le prince, lequel en soutenait toujours imperturbablement le rayon incisif.

Puis cet œil quittait le front du prince pour le visage d'Ali qui, encore ému et troublé, n'osait lever les siens.

— Vraiment, madame, dit le prince, vous avez une demeure fastueuse.

— Vous trouvez, prince ?

— Il règne ici un parfum de grandeur qui sent son moyen-âge, et ces meubles, ces tentures sont d'une haute apparence.

Le prince discourut ainsi pendant une heure sans embarras, sans prendre garde à la préoccupation de son hôtesse, louant l'attitude martiale du manoir, une des plus belles ruines de la Bretagne féodale, ses salles immenses dont il avait visité une partie, — puis, par gradation, il arriva à trouver que cette vieille demeure des preux sentait un peu la femme élégante, et il eut pour la comtesse trois ou quatre galantes banalités qu'il fallait être bien dispos d'esprit et loin de toute préoccupation sérieuse pour débiter de sang-froid.

Mais une idée fixe tenaillait le cerveau de la comtesse, elle parlait à peine, elle était rêveuse. Elle accepta distraitement le bras du prince pour passer dans son boudoir meublé à la moderne où le café était servi ; et elle eut presque un mouvement de joie lorsqu'il lui eut demandé la permission de la laisser seule, à cause de son état de souffrance, et de prendre congé d'elle jusqu'au lendemain.

— Mon cher prince, dit-elle, vous êtes ici entièrement chez vous. Notre vie de château, en France, est sans étiquette et toute de liberté. Aimez-vous la chasse ? Il y a aux environs quelques sangliers, et des chevaux dans mes écuries.

— J'en userai, dit le prince, mais pas demain. Demain je tiens à visiter de fond en comble votre historique castel.

— Je vous servirai de cicerone.

— Oh ! madame...

— Et ce soir même, si vous me le permettez, j'irai respirer l'air sur la terrasse de mon appartement.

— Terrasse! oh! prince, quelle faute!

—Faut-il absolument dire plate-forme?

— Mais sans doute, pour être dans le style du temps.

— Eh bien! Ali, dit le prince en souriant, donne-moi ton bras et allons faire un tour de plate-forme. Adieu, madame, bonne nuit.

— Énigme! murmura la comtesse demeurée seule; énigme! Ou cet homme dit vrai et alors je suis folle! ou c'est un jeu terrible, un jeu où il a deviné mon secret et veut, pour s'en servir, me donner le change!

S'en servir! mais pourquoi? dans quel but? Cela est-il possible et même vraisemblable! Et n'est-ce pas plutôt que, l'ayant surpris sans le vouloir, il veut m'épargner le supplice de la honte en feignant la plus complète ignorance?

Et la comtesse réfléchit à cette dernière hypothèse.

— Mais, fit-elle soudain, n'était-ce pas plus simple en pareil cas de me donner des soins et d'avoir l'air de se méprendre sur la signification du cri que j'ai poussé et de l'évanouissement qui l'a suivi?

Tout cela est un mystère, un mystère étrange que je n'ai plus la force de sonder : — l'amour tue l'esprit !

— Mon Dieu ! se dit-elle tout-à-coup, voici mes anciennes terreurs qui me reprennent.... Comme il ressemblait à Gaston, ce soir ! Si c'était lui ! Mais ces ongles... ces ongles... mon Dieu ! les ongles se teignent !

Et elle recula frissonnante, à cette solution que son esprit trouvait au seul obstacle qui eût jusque-là refoulé les soupçons les plus tenaces...

— Cependant, continua-t-elle, je suis créole, je ne pourrais me tromper à ce signe... Il faudrait que l'ongle eût été teint en dessous et avec du jus d'upoa. L'upoa n'existe point dans l'Inde. On ne le trouve qu'à l'île de Madagascar. Et puis, au contact de l'eau, l'upoa passe du bleu bistré au rouge sang... Et je l'ai vu tremper ses mains dans une aiguière; et malgré moi j'ai regardé les ongles... Oh! je suis trois fois folle! j'ai rêvé! j'ai rêvé!

On gratta à sa porte.

C'était le laquais qui avait introduit le prince peu auparavant et qui jouissait auprès de la comtesse d'une confiance assez illimitée.

Le digne serviteur venait s'informer si madame était contente.

— En tout, dit la comtesse.

— Madame me permet-elle de lui raconter quelque chose d'assez amusant?

— Dites, fit-elle nonchalamment, heureuse qu'une distraction pût faire diversion avec les pensées tumultueuses qui l'assaillaient.

— Madame se souvient de ce vieux paysan qui a demandé à rester ici quand madame a hérité du château?

— Oui. Eh bien?

— Eh bien, ce soir, quand Son Excellence le prince étranger est arrivée, ce vieux fou nous a passablement amusés.

— Comment cela? demanda la comtesse, intéressée malgré elle.

— Oh! de la plus curieuse façon. Quand le prince est descendu de voiture, il s'est approché de lui.

— Ah!

— Et puis il lui a dit : Parlez donc encore.

— Ah! fit de nouveau la comtesse avec un redoublement d'attention inquiète.

— Le prince lui a parlé, et il a dit alors : Vous avez la voix de Kerbrie!

La comtesse tressaillit brusquement.

— Vous êtes Kerbrie, continua le laquais en riant et sans prendre garde à l'émotion de sa maîtresse.

— Et qu'a dit le prince? fit-elle toute pâle.

— Cet homme est fou, a-t-il dit, il faut respecter la folie d'un vieillard.

La comtesse respira avec une âcre volupté.

— Le prince avait raison, dit-elle. C'est un pauvre fou, mais je veux qu'on ait des égards pour lui.

Puis changeant soudain de conversation :

— J'ai la tête lourde, dit-elle, et je voudrais prendre l'air. Voudriez-vous savoir si le prince est encore sur la plate-forme ?

— Je puis l'affirmer à madame.

— Alors, donnez-moi mon burnous de cachemire. Je vais l'y rejoindre.

Puis, le laquais parti, elle ajouta tout bas et les narines frémissantes :

— Il faut que ce voile de plomb qui couvre cet homme se déchire... Il faut que je sache !... et si c'est lui...

En ce moment le visage de madame de Maucroix revêtit une expression telle que vous eussiez tous reconnu madame de Willermez.

L'image d'Ali était bien loin.

Madame de Maucroix fit, toute frémissante, sa toilette du soir et se rendit à la plate-forme où le prince fumait en compagnie d'Ali.

— Vous voilà relevée ! fit le prince étonné. Quelle imprudence ! vous avez besoin de repos.

— J'ai besoin d'air. J'étouffe.

— Vous offrirai-je mon bras ?

— J'allais vous le demander. Oh ! ne jetez pas votre cigare, j'en adore l'odeur ; fumez, mon prince.

Eh bien ! continua-t-elle avec une légère émotion dans la voix, comment trouvez-vous nos nuits bretonnes ? elles sont bien loin, n'est-ce pas, de vos nuits splendides de l'Inde ?

— Elles ont, répondit le prince, une poésie que les nôtres n'ont pas. Ce ciel nuageux, cette mer qui rugit, et, entre le ciel et la mer, ces murs gris d'un vieux manoir, tout cela est beau, madame, très-beau...

— En effet, dit-elle, un poète trouverait son compte à cet ensemble.

— Les femmes le sont.

— Flatteur! et les Indiens aussi.

— Peut-être encore. Eh bien! me permettrez-vous, à ce titre, la plus indiscrète des questions?

— Je vous les permets toutes.

— Non, une seule. Je suis en France depuis peu, mais votre littérature m'est assez familière, j'ai lu bon nombre de légendes sur les vieux châteaux, surtout ceux de Bretagne.

— Je vous vois venir, mon beau prince; vous voulez que, pour justifier le titre de poète que vous me donnez par pure galanterie, je vous improvise une légende sur le château de Kerbrie! Eh bien! vous serez cruellement trompé, la légende existe et je n'ai qu'à la raconter le plus brièvement possible.

— Oh! dit le prince souriant, faites-en une autre.

— Nenni! comme on dit ici. Écoutez la véritable.

Et la comtesse fit un signe gracieux à

Ali, qui roula près d'elle un fauteuil qu'il alla prendre dans la chambre bleue.

Elle s'assit et commença :

— Cela remonte bien haut, comme toutes les légendes. Le château de Kerbrie que vous voyez là était déjà ce qu'il est ou à peu près, et il appartenait à un vaillant chevalier qui sentit un beau jour le besoin de prouver son amour à sa belle de la plus singulière des façons : en s'en allant guerroyer en Palestine, à quatre ou cinq mille lieues du castel qu'elle habitait.

Autre temps autres amours! Or, cette belle était la cousine germaine du chevalier, et par conséquent la nièce de la vieille châtelaine, qui demeura dans son manoir tandis que son fils allait conquêter le tombeau du Christ.

Les deux femmes se réunirent pour adoucir les amers ennuis de l'absence. Elles attendirent le chevalier pendant de longues années : le chevalier ne revint pas. Un soir, la vieille châtelaine se trouva à son lit de mort et fit son testament.

Elle léguait le manoir et ses dépendances à sa nièce, lui prescrivant un délai de cinq années au bout desquelles, si le chevalier n'était revenu, elle pourrait disposer de sa main.

Les cinq années passèrent : point de chevalier.

La damoiselle avait jeté les yeux sur un riche châtelain de la contrée, le châtelain l'aimait. Elle attendit la dernière des cinq années. Puis quand elle eut, comme les autres, jeté son dernier jour et sa dernière heure dans le sablier de l'éternité, la damoiselle fit les préparatifs de son hyménée et invita à ses noces tous les seigneurs des alentours. Mais, la veille du mariage, un pèlerin arriva qui demandait l'hospitalité. Il revenait de la Terre-Sainte et portait un casque dont la visière était baissée.

Quand on lui dit : Haussez votre heaume, il répondit : J'ai fait un vœu ; je ne montrerai mon visage qu'à celle qui me doit épouser.

La jeune châtelaine tressaillit. Elle avait

reconnu la voix de son cousin; mais elle ne poussa aucun cri. Elle le servit à table suivant la coutume, et le reconduisit, à la nuit, dans la chambre des voyageurs, celle-là, mon prince.

— Ah! dit tranquilement Osman-Bey.

Le pèlerin, continua la comtesse, se jeta sur son lit, et s'endormit tout vêtu; mais tandis qu'il dormait, la porte s'ouvrit, la châteleine entra, le toucha du doigt, l'éveilla et lui dit : Mon cousin...

— Berthe! fit-il, vous m'avez donc reconnu?

— Oui... et je t'aime toujours.

— Alors, dit le chevalier d'un air sombre, si vous m'aimez, d'où vient que vous allez en épouser un autre?

Et il la regarda à travers sa visière avec des yeux de flamme.

— Je n'épouse personne, lui dit-elle, mon mariage était une épreuve. Je l'ai fait annoncer, espérant que vous reviendriez en l'apprenaut.

— Mensonge!

— Oh ! dit-elle, je le jure !

— Et moi je ne vous crois point.

Alors elle eut un moment de désespoir, et elle s'élança sur la plate-forme :

— Adieu ! lui cria-t-elle.

Il crut, l'insensé, qu'elle allait se jeter à la mer, et il la suivit.

Et, en effet, elle se pencha sur le parapet...

— Tenez, mon prince, comme je me penche.

Il se précipita vers elle, il la saisit dans ses bras pour la retenir...

La comtesse s'arrêta et, à la lueur de la pâle nuit bretonne, elle considéra le visage du prince. Ce visage était parfaitement calme et ne trahissait d'autre émotion que l'intérêt qu'il prenait au récit.

— C'était par une nuit d'orage, poursuivit-elle, les éclairs déchiraient la voûte plombée du ciel, le vent pleurait dans les corridors du manoir. Elle se retourna, le prit à son tour dans ses bras, lui mit un baiser sur le front et murmura : *Je t'aime!*

Et comme ce mot et ce baiser le ployaient de bonheur, elle l'enlaça plus étroitement encore, et soudain, à la lumière d'un éclair, il vit errer sur ses lèvres un sourire de démon, il entendit une voix railleuse qui disait : *Tu es un niais! et je te hais!* et il se trouva frappé d'un coup de poignard et lancé, par-dessus le parapet, dans le vide!

Et, en achevant ces mots, la comtesse s'écarta brusquement, car elle avait joint le geste à la parole pour peindre cette scène, et elle regarda de nouveau le prince.

Le visage de celui-ci exprimait, comme celui d'Ali, une véritable stupéfaction... rien de plus!

Or, continua la comtesse d'une voix de plus en plus émue et saccadée, tout poignardé qu'il était, tout englouti par la mer qu'il fût, le chevalier ne mourut point.

— Oh! interrompit soudain le prince

dont l'œil mesurait attentivement le gouffre, je vous arrête, comtesse, votre légende pêche par la base.

— Et en quoi, cher prince?

— En ce qu'il est aussi impossible qu'un homme tombant à la mer dans cet endroit ne se brise point en mille pièces, qu'il serait impossible que vous fussiez la perfide châtelaine dont vous me racontez l'histoire.

Et le prince eut un charmant sourire plein de naïve bonhommie et ajouta :

— Vous savez de terribles contes, et je m'étonne qu'une pauvre histoire de tigre vous ait fait évanouir. Mais, en attendant, voici la nuit qui fraîchit : de grâce, rentrez! et ne soyez point coquette sous prétexte qu'un rhume est charmant chez une jolie femme.

— Décidément, se dit la comtesse en rentrant chez elle, je suis folle, ce n'est, ce ne peut être lui.

XLVII.

DORS.

Quand la porte du couloir se fut refermée sur la comtesse et qu'il fut seul avec Ali, le prince se prit à rire de son rire froid et silencieux, qui mettait à nu ses dents blanches et plaçait un éclair au fond de son œil noir.

— Pauvre femme ! se dit-il enfin avec une expression de sinistre pitié, quel jeu tu joues avec moi ! Ah ! tu m'as presque reconnu? ah ! tu ne sais pas et tu veux savoir? Vous ne saurez rien, madame, car entre Gaston de Kerbrie et Osman-Bey l'abîme est si grand que pour le combler il faudra que j'y jette pêle-mêle votre amour, votre fortune et votre vie brisés et broyés comme ont été brisés et broyés ma vie, mon avenir et mon amour.

Vous étiez belle, ce soir, poursuivit-il avec une profonde amertume dans la voix, si belle que... Oh! s'interrompit-il, il est heureux que vous ne m'entendiez pas, ce serait un triomphe de plus pour vous ;—si belle que je me suis pris à vous considérer ainsi drapée dans votre burnous doublé de rose, comme vous eût regardée un bel écolier de dix-huit ans; si belle que vraiment j'ai regretté une minute les sept années que le temps a jetées sur mon front, et que je me suis demandé si je n'eusse pas été heureux de souffrir quelques heures encore à vos genoux, vos mains dans ma main, mon œil cloué sur vos lèvres comme ce niais de Gaston que vous avez jeté à la mer à cette même place, voici bientôt sept ans.

Ah! comtesse, continua le prince avec son sourire glacé, il faut avouer que l'amour est une chose bizarre et que, par ses sentiers rocailleux ou fleuris, il se trouve parfois de naïfs innocents qui vont chercher bien loin ce qui les effleure au passage sans qu'ils y prennent garde. Il y a quelque part un jeune homme dont le cœur, le corps et l'esprit sont vierges, un jeune homme, un enfant que le soleil de l'Inde a couvé de son plus ardent rayon, — dont les rêves sont emplis de femmes, la veille emplie de rêves, un jeune homme qui regarde souvent les étoiles et leur demande dans son pittoresque et poétique langage si une femme l'aimera... Eh bien! une femme l'aime, cette femme frémit à son souffle, tressaille à son geste, s'enivre à sa voix, cette femme a pour lui toutes prêtes d'adorables tendresses et d'enivrants sourires, — cette femme est la plus séduisante de toutes peut-être; c'est la beauté de trente ans dans tout son idéal, la beauté dans toute sa sève de luxuriante maturité, — l'esprit incarné comme en vain le rêvent les bas-bleus, le sourire fait femme comme les poètes... Eh bien! cette femme dont Gaston de Kerbrie eût payé chaque regard un palais, chaque mot un empire, chaque baiser un monde, cette femme il l'a vue à peine, il ne l'a point remarquée; il ne l'aimera pas!

Il songe, l'insensé! à deux petites filles charmantes sans doute, — deux visages rosés de dix-huit ans comme lui, qui ne savent de la vie que ce qu'il en sait : — rien! qui lui demanderont peut-être son goût sur la robe de leur poupée, alors qu'il prendra son courage à deux mains et se grisera avec de la poudre pour essayer de dire à l'une d'elles le premier chant de son cœur.

Et le prince se tourna vers Ali, qui, accoudé au parapet, l'œil aux nuées, jetait à la fois sa rêverie et la fumée de son cigare aux tièdes bouffées du vent de nuit, qui berçait la mer endormie.

— Enfant! murmura-t-il.

Puis lui posant la main sur l'épaule :

— A quoi songes-tu donc?

— Moi, dit Ali troublé, à rien...

— Ce qui veut dire à une seule chose.

A la clarté tremblante de la lune, le prince vit rougir l'enfant.

— Est-ce l'Inde que tu vois dans ton rêve, continua-t-il, l'Inde avec ses brûlantes journées et ses nuits frémissantes de mystères inconnus et sombres?

— Non, dit Ali.

— Est-ce ton père?

— Non, fit-il encore.

—Est-ce Aïouba, la belle mulâtresse dont la peau est jaune comme l'or espagnol et l'œil ardent comme le brasier de sa tribu?

Ali eut un sourire de dédain.

— Non, dit-il, je ne l'aime pas.

— Tu en aimes donc une autre?

Il rougit plus fort, mais il leva son œil de velours sur le prince :

— Oui, mon père... dit-il.

— Est-ce la comtesse?

— Non, dit l'enfant.

— Vous êtes bien difficile, maître Ali, car elle est fort belle.

— Je le sais... il m'a semblé...

— Et puis elle vous aime.

Le prince appuya sur ces mots, puis ajouta avec brusquerie :

— Rentrons.

Ali le suivit tout rêveur. Le voile tombait de ses yeux et l'innocent et naïf jeune homme analysa peut-être avec la singulière rapidité de la pensée ces menus soins dont il avait été l'objet de la part de la comtesse, ces brusques soupirs, ces réticences sans nom, ces impatiences jusquelà inexplicables, et comprit enfin.

Le prince ferma la porte de son appartement, revêtit une robe de chambre et indiqua du geste un fauteuil à Ali.

Puis, plaçant un doigt sur son front, il lui dit impérieusement :

— Dors !

L'enfant ne tarda pas à fermer les yeux et sa tête se renversa sur son épaule avec une suave expression de nonchalance et de langueur.

XLVIII.

UN NOUVEAU PACTE.

Nous savons ce qu'étaient les insomnies et les agitations nocturnes de madame de Maucroix, et, ce soir-là, les événements de la veille et de la journée n'étaient point de nature à lui procurer un repos sans fantômes et paisible; et, malgré cette phrase qu'elle s'était jetée à elle-même comme un argument sans réplique : « Je suis folle! ce n'est, ce ne peut être lui »; malgré cette phrase, disons-nous, elle ne put fermer l'œil de la nuit, et les pensées les plus opposées, les plus bizarres, les plus froidement folles, l'assaillirent.

Certes, dans le doute, madame de Willermez eût renouvelé la scène de la plateforme et poignardé une seconde fois le prince pour constater son identité : madame de Maucroix ne l'osa pas. Madame de Maucroix avait eu peur, s'il vous plaît, à la fin de son récit, quand elle s'était retirée à l'écart, prise de la vertigineuse pensée que Gaston, si c'était lui, allait peut-être la prendre dans ses bras de fer et la jeter à son tour dans ce gouffre qui grondait en bas et demandait une proie quelconque, homme noueux ou femme frêle.

Lorsque sa lampe fut éteinte, la fièvre qui l'avait abandonnée la reprit intense et brûlante; puis avec la fièvre le délire de l'hallucination, et dans ce délire reparurent dans leurs moindres détails la scène de l'orage, la course insensée qu'elle avait faite, ployée et haletante dans les bras d'Ali, puis la chaumière normande avec sa table branlante, ses escabeaux noircis, son âtre rustique et ce lit improvisé, tranchant par la blancheur de ses draps de grosse toile sur le fond sombre de la pièce, — et tranchant sur la blancheur de ce lit, les membres dorés au soleil du jeune Indien, sa chevelure noire ruisselant sur l'oreiller, ses lèvres rouges entr'ouvertes où glissait le sourire du rêve, ses grands cils de jais collés sur ses joues et comme les attaches de ces longues paupières qui éteignaient l'ardent éclair de son œil profond.

Elle se revit, elle, assise à son chevet, parfois penchant sa tête sur le bord de l'oreiller pour s'enivrer une seconde de son haleine, quelquefois accroupie auprès du foyer et trempant ses belles mains dans quelque vulgaire pot de terre où fredonnait un bouillon.

Puis il lui sembla que le feu se mourait, que le jour pénétrait discrètement par la croisée et mêlait son rayon blanc aux reflets rouges du foyer à l'agonie ; puis encore qu'elle ouvrait la porte et saluait le matin ; — puis enfin...

L'hallucination fut exacte jusqu'au bout, et ne lui fit grâce d'aucun détail, d'aucun mot.

Elle revit, elle entendit le prince, et ses facultés acquérant, dans le rêve, une plus grande finesse de perception, elle se souvint de son sourire froid et plein de menaces, de sa voix railleusement stridente... de l'espèce de volupté sinistre qu'il avait mise à lui dire : *C'est une de vos filles qu'il aime.*

Alors elle se livra, toujours dans les brumes du délire, à une analyse raisonnée, minutieuse, de tout ce qu'elle avait éprouvé en présence de cet homme, des moindres gestes, des plus légers sourires, des imperceptibles froncements de sourcils de cet homme, elle admit un moment comme un fait accompli que cet homme était Gaston... et, à cette dernière pensée, l'hallucination devint plus menaçante, elle le vit, le rire de la colère et du mépris aux lèvres, lui prédisant quelque mort inconnue et terrible, comme elle aurait su en inventer une jadis...

Et alors, elle poussa un cri... ce cri l'éveilla et elle se retrouva droite et raide sur son séant, les tempes ruisselantes d'une sueur glacée, le cœur bondissant à rompre sa poitrine, et ses belles mains crispées en une convulsion suprême.

Chez une femme de la trempe de madame de Maucroix, les grandes crises amenaient toujours un moment de réaction où le délire s'enfuyait, où le pouls arrêtait ses brusques saccades, le cœur ses palpitations désordonnées, où la tête redevenait froide et calme, et toute prête à suivre les mathématiques conseils de la raison.

La comtesse réfléchit deux secondes, puis soudain elle tira les glands de ses rideaux, alluma sa bougie, sauta lestement à bas du lit, et se vêtit sans bruit d'un peignoir et de son burnous blanc et rose.

— J'ai frappé Gaston en pleine poitrine, se dit-elle alors, un coup du poignard dont je me servis fait une blessure triangulaire dont ni l'art ni le temps ne peuvent effacer la cicatrice. Voyons si le prince n'a point une blessure de ce genre.

Et madame de Maucroix prit son bougeoir, poussa la porte de sa chambre à coucher, traversa un grand salon dont les tapis étouffaient le bruit de ses pas, et s'arrêta devant un panneau de boiserie qui, à l'aide d'un bouton pressé, tourna sur des gonds invisibles.

C'était par là que sept années auparavant maître Xénophon de Bachelet s'apprêtait à pénétrer dans la chambre bleue, afin d'y assassiner Gaston de Kerbrie, quand, à travers un faible trou, il vit luire les pistolets du fidèle Bernard, et battit prudemment en retraite. Le prince dormait étendu sur son lit, à demi-vêtu, la poitrine couverte d'une fine tunique blanche à peine nouée au cou par une petite agrafe de diamants.

Au fond de la pièce, sur une bergère, reposait Ali, presque enseveli sous les flots moelleux d'une couverture de vieux damas de soie lamée, et si bien dissimulé ainsi, que la comtesse ne l'aperçut point tout d'abord.

Sur un guéridon, au chevet du prince, reposaient ses pistolets et son poignard : — nous devrions dire le poignard de madame de Willermez.

Ceci fut un trait de lumière de plus pour elle; elle se souvint de la lettre du prince.

Et elle marcha résolument vers le lit, décidée à sonder le dernier pli du mystère.

Le prince dormait profondément : Ali faisait quelque beau rêve dont ne l'eût point tiré le fracas du ciel s'écroulant sur les épaules chancelantes du vieil Atlas.

Mais, arrivée au chevet, la comtesse s'arrêta :

— S'il s'éveillait... pensa-t-elle.

Puis soudain elle avisa les pistolets, posa sa belle main sur la crosse de l'un et examina... — elle n'était plus ni folle, ni troublée... — examina s'il était amorcé et armé; un sourire que lui eût envié le prince glissa sur ses lèvres.

— Je le tuerai, dit-elle.

Madame de Willermez reparaissait dans la comtesse de Maucroix.

En même temps son œil se dirigeait vers la porte-fenêtre qui donnait sur la plate-forme et que le prince avait laissée ouverte, et à travers laquelle elle put apercevoir les premières clartés de l'aube que le ciel envoyait à la mer, son épouse, comme les suaves baisers du réveil.

— L'Océan est là, murmura-t-elle, et tout dort !

Elle prit dans la main droite un pistolet, posa la gauche sur la fine tunique et s'apprêta à retirer l'épingle avec une sûreté et une délicatesse de mouvement qui prouvaient qu'elle n'avait point vu Ali encore.

C'était, à cette heure, la femme de bronze et d'airain que nous avons connue.

Mais une ombre opaque se dessina tout-à-coup dans le clair-obscur de la porte-fenêtre, un hoquet presque imperceptible s'échappa de cette ombre, et les deux bras de la comtesse s'arrêtèrent roidis par l'effroi, tandis qu'elle levait vivement les yeux et regardait.

C'était ce bon M. Xénophon de Bachelet dans son habit barbeau et sa culotte de nankin.

— Ah! ah! dit-il tout bas, mais assez haut cependant pour qu'elle pût l'entendre, accompagnant ces paroles de son rire ignoble et féroce, on assassine donc toujours un peu ici?

Un moment paralysée par l'effroi que lui occasionnait cette rencontre subite, madame de Maucroix redevint aussitôt maîtresse d'elle-même, et, abandonnant le chevet du prince endormi, elle marcha résolument vers la porte-fenêtre où grimaçait maître Bachelet. Là elle appuya sa main blanche sur l'épaule du rustre, et, avec une vigueur de muscles qu'on ne lui eût point soupçonnée, elle le poussa rudement en dehors et lui dit :

— Que venez-vous faire ici?

Bachelet obéit à l'impulsion, recula jusqu'au parapet de la plate-forme et s'y adossa tranquillement :

— Savez-vous, madame la comtesse, lui dit-il de son air narquois, que Kerbrie dégénère étrangement? Autrefois c'était une place forte. Jésus Dieu! on n'y entrait qu'en sonnant du cor à la herse du pont-levis; — il y avait un tas de portes ferrées et de verrous qui faisaient trembler rien qu'à les entendre tourner sur leurs gonds ou crier dans leurs gâches... et quand on n'avait pas toujours été honnête comme vous ou moi, on se sentait frissonner et l'on songeait, sans le vouloir, à quelque bonne prison, comme qui dirait le fort de Ham ou le Mont-Saint-Michel. Mais maintenant, Saint-Vierge! le temps est changé... c'est plus ça. Vous arrivez : pont-levis baissé ; vous entrez dans la cour, la cour est déserte, personne ne bouge, chien ou homme. — Au temps de madame la baronne il y avait dans la cour deux gros mâtins qui m'auraient dévoré en deux bouchées et vous en une seule.

— Mais, fit la comtesse impatientée, que me voulez-vous donc ?

— Vous traversez la cour, poursuivit Bachelet sans paraître avoir pris garde à l'interrogation, vous entrez, la grand'porte est ouverte, vous gravssiez l'escalier sans trop ni trop peu taper du pied, personne ne vous entend; vous arrivez au premier étage, vous pénétrez dans les antichambres, et vous trouvez dormant sur une banquette un grand diable de laquais qui ronfle aussi fort que la mer, ce serait dommage de l'éveiller, et vous passez.

— Mais me direz-vous... fit la comtesse

d'une voix sourde et couvant de terribles colères, me direz-vous...

— Attendez donc, fit imperturbablement Bachelet : comme vous savez encore un peu les êtres de la maison, vous allez droit à la chambre à coucher de madame; le lit est vide, mais foulé et tiède encore. — Madame a la migraine, pensez-vous, et elle prend l'air sur la terrasse ; vous allez sur la terrasse : personne! mais vous apercevez les persiennes de la chambre bleue ouvertes, vous vous avancez comme un curieux... et vous voyez madame en train de... ma foi ! je ne le sais pas au juste... Et voilà !

— Mais enfin, fit la comtesse, que me voulez-vous ?

— Moi ? rien.

— Alors que venez-vous faire chez moi ?

— Ce n'est pas pour vous que je viens.

— Mais...

— On a bien voulu me recommander à un crésus de prince indien que vous avez chez vous et qui a fort besoin d'un intendant.

— Il veut donc se ruiner ! fit la comtesse avec dédain. Autant vaudrait qu'il se fît voler au milieu d'un bois.

— Mon Dieu ! fit naïvement Bachelet, je crois qu'il y est dans le bois... à l'heure qu'il est.

— Insolent ! je vais vous faire chasser, et le prince saura qui vous êtes.

— Je vous rendrai le même service auprès de lui, madame la comtesse.

— Il ne vous croira pas.

— Non, si j'attends à demain ; mais si, au lieu de parler à voix basse, je crie, si je lui dis en vous tirant près de son lit : Voilà une femme qui voulait vous assassiner, et, tenez, voici le pistolet qu'elle avait dans la main.

Et Bachelet, par un geste rapide, arracha l'arme des mains de la comtesse qui ne s'attendait nullement à cet acte de brutalité inouïe.

— Et que, continua Bachelet, je lui

fasse observer qu'il est jour à peine, qu'il est insolite de voir une femme entrer à pareille heure dans la chambre de son hôte, de l'ajuster avec un pistolet, d'étendre la main vers sa chemise pour l'écarter...
Au fait, murmura le Bas-Normand, ceci devient obscur; car je crois qu'une balle traverse proprement une chemise et que la précaution est inutile.

Madame de Maucroix étendit la main vers Bachelet :

— Chut! dit-elle, et écoutez-moi.

— Ah! fit Bachelet, je comprends : nous allons parlementer.

— Peut-être...

— Madame a besoin d'un auxiliaire intelligent, sans doute, et elle veut bien m'honorer de sa confiance?

— Peut-être encore...

— Madame est trop bonne. Est-ce une belle affaire?

— Écoutez, dit la comtesse en l'entraînant à l'extrémité opposée de la plate-forme, vous vous souvenez de Gaston?

— Parbleu! si je m'en souviens! ici plus qu'ailleurs... Nous sommes chez lui.

La comtesse tressaillit involontairement.

— Vous êtes un mauvais plaisant, lui dit-elle avec ce ton de bonhomie protectrice qu'elle employait envers ses inférieurs, surtout quand elle avait besoin d'eux. Vous le rappelez-vous physiquement?

— Dame! oui et non. Je ne l'ai vu qu'une fois, du reste, et d'assez loin. C'était un petit jeune homme pâle, il me semble...

— Tenez, dit la comtesse, venez voir si le prince ne lui ressemble pas un peu.

Elle le ramena à la chambre bleue, et tous deux s'approchèrent à bas bruit.

— Regardez, dit la comtesse.

— Parbleu! dit Bachelet, il est noir, celui-là, il est bronzé comme du cuivre... l'autre était blanc.

— Eh bien! fit madame de Maucroix, si c'était lui... pourtant...

Bachelet recula involontairement.

— Vous ne l'avez donc pas tué?

— Je l'ai poignardé, du moins.

— Vous ne l'avez donc pas jeté à la mer?

— Mais si.

— Là, n'est-ce pas?

Et il indiqua la plate-forme du geste.

— Oui, sans doute.

— Alors il est bien mort et ce n'est pas lui.

— La ressemblance est frappante, cependant...

— Tiens! mais au fait, souffla Bachelet, c'est pour ça que vous l'avez invité à venir ici, afin de ne pas le manquer une seconde fois, si toutefois vous l'aviez manqué la première. Hum! c'est superbe d'invention!

— Trêve! dit la comtesse, et regardez-le encore.

— Mais que nous sommes naïfs! Où avez-vous frappé l'autre?

— A la poitrine, je crois.

— Eh bien! si c'est lui, le trou doit y être.

— Je le sais, et c'est ce que j'allais regarder...

—Ah! je suis désolé de vous avoir interrompue.

— Eh bien! voyons?

Et la comtesse se pencha sur le prince et posa de nouveau sa main sur l'agrafe de diamant.

— Prenez garde... doucement... fit Bachelet. S'il s'éveillait...

— Eh bien! vous lui casserez la tête avec le pistolet que vous tenez...

— Non pas, dit Bachelet; je suis son intendant, et je tiens à faire mon beurre.... Il faut qu'il vive!

— Mais si c'est lui?

— Ah! dame! ceci change la question.... Mais comme nous n'en sommes pas sûrs.... Je suis un pauvre diable, moi, et j'ai besoin de gagner ma vie.

La comtesse eut un frisson de colère; mais elle se contint et écarta le plus légèment possible les plis de la tunique qui couvrait la poitrine du prince, après avoir habilement retiré l'épingle.

Le prince fit un mouvement. La comtesse et Bachelet reculèrent haletants. — Mais le prince ne s'éveilla point.

Elle revint à la charge et acheva de dégager la poitrine du prince. Mais sa stupéfaction fut grande en apercevant, au lieu de la chair qu'elle s'attendait à trouver, les mailles fines et serrées d'une cotte hardie, ce gilet d'acier du moyen-âge que les armuriers florentins forgeaient à l'épreuve du poignard et de la balle. Ces mailles étaient tellement petites et serrées entre elles, que la chair n'apparaissait point sous leurs réseaux et que madame de Maucroix, après vingt minutes d'anxiété, après avoir employé toute l'adresse, toute l'habileté d'un prestidigitateur, n'était pas plus avancée.

Mais cette cotte de mailles avait certes une signification et donnait carrière à d'étranges soupçons : — Pourquoi cet homme, qui venait en ami, invité par une femme du monde élégant, une comtesse de Maucroix, s'il vous plaît! en France, au dix-neuvième siècle, sous le règne paisible de Louis Philippe, — couchait-il ainsi cuirassé?

Ce fut la réflexion que se firent simultanément madame de Maucroix et Bachelet qui, échangeant un regard et sans prononcer un mot de plus, se retirèrent sans bruit, après avoir replacé le pistolet sur le guéridon et emporté le bougeoir.

Mais à peine la boiserie se fut-elle refermée sur eux, que le prince ouvrit les yeux, sortit du lit son bras droit armé du poignard qui naguère reposait sur le guéridon et en avait disparu, sans que la comtesse y prît garde à son tour, pendant qu'elle était sur la terrasse; puis son éternel sourire glissa sur ses lèvres, muet et implacable, et il se leva sans bruit.

A son tour, il se dirigea vers le panneau de boiserie, fit jouer les ressorts invisibles avec la même aisance que la comtesse, traversa, comme elle, le grand salon et pénétra jusqu'au cabinet de toilette de madame de Maucroix, où il disparut.

La comtesse était à deux pas de là, sur l'ottomane de sa chambre, devisant avec Bachelet.

Dix minutes après, Bachelet quittait l'appartement de la comtesse; le prince quittait son poste d'observation et revenait dans la chambre bleue où Ali dormait toujours.

Il le secoua vigoureusement, l'éveilla, puis le fit asseoir moitié nu sur son séant.

Et, comme la veille, il lui plaça un doigt sur le front, puis dans la main le pistolet que Bachelet tenait naguère dans la sienne et il lui dit :

— Dors et vois!

Ali ne faisait que changer de sommeil.

XLIX.

Que se passa-t-il entre madame de Maucroix et Bachelet? quel pacte nouveau d'alliance offensive et défensive conclurent-ils ensemble? Le prince ne nous l'a point redit, mais il est probable que ce pacte offrait pour le prince un danger réel, car il sentit le besoin de mettre hors de combat, à l'instant même, un de ses adversaires, en le frappant au défaut de la cuirasse. Le défaut de la cuirasse de madame de Maucroix, c'était Ali, ou du moins son amour.

Exténuée de fatigue, et plus calme désormais, par suite sans doute de son entretien avec Bachelet, la belle comtesse s'était remise au lit et n'avait point tardé à s'endormir.

Ce ne fut guère que vers midi qu'elle s'éveilla ; mais, aussitôt éveillée, elle sonna ses femmes pour se faire habiller.

Ses femmes étaient arrivées le matin même.

L'une d'elles en entrant annonça :
Monsieur Ali.

Madame de Maucroix était en ce moment dans cette favorable disposition d'esprit que donne la quiétude du sommeil. Les fantômes et les agitations de la nuit s'étaient envolés; et elle envisageait, sans frémir nullement à cette heure, les chances contraires que pourrait lui occasionner l'identité du prince et de Gaston de Kerbrie.

Le nom d'Ali, jeté tout-à-coup au travers de son recueillement et de sa méditation, interrompit l'un et l'autre et la fit tressaillir.

Ali était la pierre d'achoppement contre laquelle venaient se heurter et se briser la froide raison et la rare perspicacité de la comtesse.

Le jeune Indien était revêtu de son plus charmant costume, l'air du matin qu'il venait de respirer avait mis sur son frais visage une couche d'incarnat qui lui seyait; son œil, un peu battu par les longueurs du sommeil et un reste de fatigue de la veille, était rempli d'une mélancolie vague pleine d'enchantement ; il était réellement beau ainsi, et, à sa vue, madame de Maucroix se sentit toute frissonnante d'émotion et rougit malgré elle.

Le prince, ses terreurs de la veille, la

nuit machiavélique qu'elle venait de passer, le rire ignoble de Bachelet, tout cela disparut de son souvenir, tout cela s'effaça dans l'ombre de sa mémoire : Ali seul resta.

— Madame, dit le jeune homme, je viens de la part de mon maître...

Un éclair de colère brilla dans les yeux de la comtesse.

— Je viens, poursuivit Ali, m'informer de votre état et savoir comment vous avez passé la nuit.

— Ah! fit-elle avec une certaine amertume en lui tendant la main, c'est de la part de votre maître?

— Oui, dit naïvement le jeune homme.

La comtesse se mordit les lèvres.

— Je croyais, dit-elle, que vous auriez eu quelque reconnaissance pour les faibles soins que je vous ai donnés et que vous-même...

Elle s'arrêta, honteuse de ce reproche.

Ali devint rouge et tremblant, baissa les yeux d'abord, puis, les reportant sur madame de Maucroix, il la vit frémir d'émotion, le visage presque bouleversé, et il comprit non-seulement sa maladresse, mais encore ce que souffrait cette femme et jusqu'à quel point était fondée l'insinuation du prince.

Que l'on aime ou non une femme, quand cette femme est belle, on se sent tout disposé à profiter du moindre avantage qu'elle vous donne en vous laissant deviner son amour. Ali était né sous un brûlant soleil qui place de bonne heure au cœur de ses enfants le germe des passions les plus ardentes. Ce germe n'attend qu'une étincelle : l'étincelle venait de jaillir.

Pour la première fois il regarda cette femme avec assurance, il analysa sa beauté, il respira sciemment les émanations, pour lui imperceptibles jusque-là , qui se dégagent de l'alcôve et du boudoir d'une femme aristocratiquement belle, — et soudain il se sentit pris d'une sorte de vertige fiévreux qui n'était point l'amour, puisqu'il aimait ailleurs, mais qui en avait certes bien plus les symptômes que celui qu'il éprouvait pour l'une des filles de M. de Maucroix.

Il avait, à la vue de ces ravissantes enfants, éprouvé une sorte de vague tristesse, de sentiment indéfinissable dont il ne s'était jamais rendu bien compte. Il les avait aimées toutes deux peut-être, ne sachant à laquelle donner le choix : c'était là moins de l'amour, dans l'acception vulgaire du mot, que de l'aspiration. C'était une passion calme, rêveuse, sans regrets et sans but, peut-être, une passion toute mystique et contemplative qui régnait dans son cœur sans despotisme, laissant une place pour une autre passion plus violente et plus terrestre.

En un mot, nous pourrions définir ces deux attractions de son âme, la première par le mot d'amour purement moral, — la seconde, celle qu'il éprouvait instantanément et par suite de la révolution qui s'opérait en lui grâce à quelques mots qui venaient de déchirer le voile de son innocence, l'amour entièrement physique.

Ali rentrait dans l'ordre de choses ordinaire et dans le rail-way logique de l'amour : il se laissait prendre, ce jeune homme de seize à dix-huit ans, aux magnétiques séductions de la femme de vingt-huit à trente.

Et comme, en pareil cas, la femme a toujours pitié de l'embarras du jeune homme, madame de Maucroix devina peut-être la métamorphose qui s'opérait graduellement dans le cœur et l'esprit du naïf enfant des Indes, et elle lui dit pour chasser un peu son trouble :

— Vous êtes un enfant, et je vous pardonne. Tenez...

Elle attira son front et y déposa un baiser tout maternel.

Ali frissonna à ce contact et se troubla de plus en plus.

— Où est le prince ? demanda la comtesse, rompant aussitôt les chiens pour faire trêve à cette confusion d'Ali qui l'enivrait d'une joie plus grande que n'eût pu le faire l'aveu le plus formel ou le compliment le plus flatteur.

— Le prince est monté à cheval ce matin, répondit Ali. Il avait eu le cauchemar toute la nuit, et avait besoin d'air; il m'a chargé de lui porter de vos nouvelles aussitôt qu'il ferait jour chez vous.

— Et de quel côté est-il allé?

— Un intendant qui est arrivé de Paris ce matin, et qui connaît le pays, l'a accompagné à Quimper, dont il désire fort voir l'église, car, je ne sais s'il vous l'a dit, le prince est chrétien.

— Ah! fit rêveusement la comtesse.

— Mais, continua Ali, comme je ne connais point la route de Quimper, il faudra que je me fasse accompagner aussi... ce qui enlèvera quatre chevaux à vos écuries.

La comtesse réfléchit une minute de plus.

— C'est inutile, dit-elle, c'est moi qui vous servirai de guide; j'ai la tête lourde encore d'hier, il me faut de l'air aussi, et je crois que le cheval me ferait du bien.

— Prendrez-vous ma croupe ? demanda Ali, dont l'œil s'alluma soudain au souvenir de la course de l'avant-veille, et qui se repentait sans doute, maintenant que la lumière était faite dans son esprit, de tout ce qu'il avait perdu, l'ignorant !...

— Non, dit-elle avec un sourire, il faut ménager mes chevaux.

Elle ne trouvait pas de raison plus plausible.

Décidément l'amour nuisait fort à l'esprit de madame de Maucroix.

Pendant le sommeil du matin de madame de Maucroix, le prince, après un mystérieux colloque avec Ali, s'était fait habiller par son noir et avait demandé un cheval. Mais tandis qu'il donnait à sa toilette un dernier coup d'œil, la porte s'était ouverte et un domestique du château avait annoncé :

— Monsieur de Bachelet.

M. de Bachelet s'était présenté dans son éternel costume, brossé, époussetté, empesé des pieds à la tête : il avait pris son salut le plus humble, son sourire le plus bénin, sûr de captiver dès l'abord la confiance du prince.

— Ah! lui avait dit celui-ci, vous êtes M. de Bachelet?

— Pour vous servir, monseigneur.

— Connaissez vous ce pays?

— Oui, monseigneur.

— Savez-vous monter à cheval?

— Je l'ai su.

— Eh bien! vous allez m'accompagner à Quimper et me montrer la route. En chemin je vous parlerai des conditions indispensables pour entrer à mon service.

Le Bas-Normand s'inclina, suivit le prince, et peu après enfourcha à l'anglaise, — c'était sa manière, nos lecteurs s'en souviennent, — un assez beau cheval normand, dont les allures impatientes et jeunes ne laissèrent pas que de lui inspirer une certaine inquiétude.

L.

PASTORALE.

Vous êtes une pauvre contrée, ô noble terre bretonne, le ciel vous a refusé la magie des glaciers alpestres, les hauts patûrages normands, les fleurs et les fruits du Midi, et à première vue vous n'avez qu'un sol rocailleux et ingrat. Et cependant, ô Bretagne, vous avez sur vos épaules brumeuses un manteau de poésie parfois sombre, parfois rêveuse, mais incontestable et qui fait vibrer tout cœur artiste et émeut profondément.

A travers votre ciel grisâtre et les murs branlants de vos ruines historiques, l'automne verse parfois une mélancolie douce et grave, qu'aiment les poètes et les amants. Parfois le soleil de novembre déchire la nuée grise, et, jetant des reflets d'or à vos bruyères noires, à vos landes arides, pompe et fait étinceler en mille paillettes la goutte de rosée tremblante au bord des feuilles de ces grands chênes blancs auxquels les druides arrachaient jadis le gui sacré.

Quand on a vingt ans, quand la cœur déborde de sève, quand l'imagination est vierge encore, il est doux de fouler votre sol et de s'asseoir à l'heure de midi au pied d'une tour sans toit, à l'abri de cette froide haleine que la mer vous apporte des latitudes du nord; car si l'ombre est fraîche et suave pour les amours de la terre, le soleil est meilleur pour les rêves de l'amour : il leur prête ses reflets d'or.

———

C'est ce qui fait que madame de Maucroix se trompa cruellement. Elle crut que la poésie de la terre bretonne développerait l'âme d'Ali et lui parlerait d'amour bien mieux que son boudoir parfumé, bien plus que l'épais damas de son alcôve sombre, bien plus que ce large feu qui flambait dans sa cheminée garnie de fleurs rares.

Elle crut, la naïve, que cet enfant pouvait ressentir pour elle une de ces passions entachées de mysticisme et de rêverie qui s'étiolent à l'air des boudoirs, et verdissent au contraire à l'haleine embaumée des champs.

Elle ne songea ni à l'automne qui pleurait sous les baisers sans chaleur du soleil, ni aux sanglots plaintifs du vent dans les futaies, et elle emmena le jeune Indien à travers les chemins creux bordés de bruyères fanées et les landes, dont les broussailles rabougries n'avaient plus ni fleurs ni parfums.

Elle avait revêtu pour cette course hippique une amazone vert tendre, un feutre à larges bords ombragé d'une plume blanche; elle avait emprisonné ses belles mains dans un gant blanc, et se plaisait, au départ, à faire exécuter à son cheval les plus fantastiques courbettes et les changements de pied les plus fabuleux.

Au départ, le jeune Ali admira, il ne vit et n'entendit qu'elle, il admira sa taille, il dévora ses mains du regard, il envia le sort du fier étalon qui la portait.

Il écouta même les adorables riens qu'elle lui lançait entre deux écarts de sa monture, non pour les riens, mais pour la voix qui les chantait.

Puis peu à peu l'influence de cette nature triste et grave dont nous parlions naguère agit sur lui, il tomba dans une rêverie profonde, et put ainsi donner le change, un moment, à la belle comtesse, qui le croyait occupé d'elle.

Ils s'égarèrent à travers champs; de Quimper et du prince, il n'en fut pas question. Ils s'assirent vers le soir au revers d'un fossé sans eau, s'adossèrent à un pan de mur envahi par le lichen, et admirèrent ensemble un magnifique coucher de soleil dont les derniers rayons s'éteignirent dans les crevasses d'une église en ruines, brûlée jadis par les bleus : — lui silencieux et grave, l'œil noyé, les narines au vent, — elle jouissant en secret de ce silence, s'enivrant de cette rêverie et acceptant l'un et l'autre comme un secret hommage.

Pauvre femme !

Course vagabonde, ciel poétique, nature voilée et mélancolique, église en ruines et soleil couchant, tout cela n'avait servi qu'à une chose : à ramener le rêve et la pensée d'Ali à ces deux jeunes filles à peine entrevues, à peine regardées, et qu'il croyait apercevoir maintenant dans les bizarres et capricieux changements à vue que les nuages rouges exécutaient autour du soleil leur maître qui s'abîmait dans l'Océan rouge et resplendissant comme eux.

Ils revinrent à la brune, sans presque avoir échangé un mot, sans que rien eût pu désillusionner l'une et rappeler l'autre à ses impressions toutes frémissantes de vagues désirs du matin, et ils se trouvèrent en face du prince qui, rentré avant eux, les attendait.

Bachelet, chargé d'une *mission de confiance*, était reparti pour Paris.

— Eh bien! comtesse, demanda le prince, le grand air a-t-il chassé votre migraine ?

— Mais, vous-même, dit-elle, n'avez-vous pas eu le cauchemar ?

— Oui, madame, j'ai rêvé... Oh! le rêve est fort singulier, je vous assure.

— Voyons! fit la comtesse avec enjouement.

Mais, avant que le prince eût ouvert la bouche, un bruit de voiture se fit dans la cour, la comtesse alla vers la fenêtre, s'y pencha et dit avec une sorte de stupéfaction impatiente :

— Mon mari!

En même temps, Ali se penchait à son tour, et, à la lueur des torches que portaient les valets, il apercevait les deux filles de M. de Maucroix qui descendaient de la berline.

Le rêve de l'enfant durait encore; il était près de la comtesse, elle le voyait et le touchait, mais il ne la vit point, il ne l'entendit point, il l'oublia complétement, et, joignant les mains avec admiration, il murmura :

— Oh! qu'elles sont belles!

Soudain la comtesse recula comme recule le duelliste qui sent tout-à-coup le froid du fer pénétrer dans sa poitrine; mais en se retournant elle se trouva face à face avec le prince qui lui dit, son sourire glacé sur les lèvres :

— J'ai rêvé que vous aviez été sur le point de m'assassiner d'un coup de pistolet.

LI.

LE BLONDIN.

Ce n'est point toujours un métier commode et facile que celui de romancier, surtout quand on a eu le malheur de se fourvoyer dans un diable de récit où les personnages pullulent et demandent tour-à-tour qu'on veuille bien s'occuper d'eux.

Depuis tantôt huit feuilletons, nous n'avons pas abandonné un instant notre héros Osman-Bey, nous assistions à ses plus menus loisirs, il ne nous quittait pas. Nous avions élu domicile dans ce vieux manoir de Kerbrie et nous y tenions fort à l'aise nos lecteurs et nous : vous suiviez, lectrice, avec un certain intérêt, nous n'en doutons pas, — la modestie est une vertu que nous avons constamment admirée, mais que le ciel nous a refusée, sans trop savoir pourquoi, par exemple ! — vous suiviez donc avec un certain intérêt, disons-nous, les agitations nouvelles de madame de Maucroix et les péripéties diverses que semblait préparer l'indifférence du jeune Ali ; vous aviez presque oublié pent-être les autres habitants de cette histoire, et ce n'est pas sans quelque regret que vous nous suivrez à Paris où nous rappellent d'autres héros, d'autres événements.

Rue du Faubourg-Montmartre, à l'entrésol d'une maison située entre le passage des Deux-Sœurs et la rue Cadet, dans un appartement de garçon assez coquet malgré le mauvais goût qui y régnait assez généralement, un matin de brouillard, un jeune homme de vingt-cinq à vingt-huit ans, vêtu d'une veste de chambre et coiffé d'une toque de velours grenat, rêvait au coin du feu, les pieds sur les chenets, le corps renversé sur le dossier d'un voltaire, le regard perdu dans les rosaces qui écrasaient le plafond très-bas déjà par lui-même.

— Vingt francs d'actif, et deux mille neuf cent seize francs cinquante-cinq centimes de passif! se disait-il. C'est désolant! Et plus moyen de refaire un beau coup. On ne joue plus nulle part, Frascati est fermé; si on essaye d'ouvrir un innocent tripot, on n'a pas plutôt mis cinq napoléons sur le tapis qu'un commissaire de police se présente... et bonsoir! Les banques commerciales ne prennent plus, ma dernière société philanthropique pour la conservation des cheveux et de la barbe n'a pu rencontrer un seul actionnaire; depuis que Brididi danse à Mabille on trouve que je suis plus de force à lutter avec lui, et les plus intrépides polkeuses, Frisette et Pomponette, Mazagran et Mogador qui se ruinaient pour me plaire, me mettent à la porte sans façon : — je suis décidément un homme ruiné. Que faire ?

J'ai bien songé un moment aux eaux de Bade ou de Hombourg; j'ai une martingale de ma façon qui ferait sauter la banque sans tortiller... Mais pour cela, il faut de l'argent: il en faut, et je n'en ai pas. Quel siècle misérable ! où un honnête garçon comme moi ne peut plus gagner sa vie.

Et notre homme se prit à arpenter son appartement de long en large, cherchant un expédient quelconque pour restaurer ses finances, que le malheur des temps avait considérablement avariées.

C'était un assez joli garçon, d'expression vulgaire peut-être, mais ayant cette désinvolture hardie, ces poses fort courues dans Breda-Street, cette toilette excentrique et soignée qui, dans un certain monde, constituent le cachet d'élégance de mauvais ton que les Madeleines nomment le *chic*.

Il manquait d'esprit peut-être, d'instruction à coup sûr, mais il avait un répertoire assez complet de mots, de phrases d'atelier et de bals d'été, de boudoirs de lorettes et d'estaminet, qui le faisaient trouver *drôle*. Il dansait d'une certaine façon qui effarouchait parfois les gardes municipaux; il était insolent avec les femmes, peu scrupuleux avec les hommes, fort blasé, n'aimant personne; il avait donc tout ce qu'il faut pour réussir dans un certain monde. C'était par ces succès équivoques qu'il avait fait son chemin et doré de temps en temps sa problématique existence.

Notre homme était donc à la recherche d'une idée, quand le cordon de la sonnette fut mis en mouvement et l'arracha à sa laborieuse méditation.

— Bon! fit-il avec impatience, encore un créancier! celui-là, morbleu! je vais l'assommer.

Et il alla ouvrir.

Face livide, nez rouge, épaisses moustaches, lèvres pendantes, regard atone et empli d'une férocité bestiale : tel était le portrait du visiteur matinal.

Visiteur et visité, se trouvant en présence, furent muets un instant, et le jeune homme recula même d'un pas avec un dégoût marqué.

— Bonjour, petit, dit le visiteur d'une voix éraillée et qu'une ivresse perpétuelle rendait chevrotante.

— Ah! c'est vous, fit le maître du logis d'un air dépité, qui vous amène si matin?

— Mon cher petit, répondit le visiteur d'une voix qu'il s'efforçait de rendre caressante, tu me reçois mal et tu as tort. Nous avons fait de beaux coups ensemble, et parce que j'ai du guignon depuis quelque temps, ce n'est pas une raison pour me rudoyer.

— Je ne vous rudoie pas, père Théo ; mais enfin, que voulez-vous?...

Mons Théo, car c'était bien lui, regarda le jeune homme d'une façon expressive, et fit glisser son index sur son pouce :

— Pas le sou, dit-il.

— Ah ! parbleu, répondit son hôte en fronçant de plus en plus le sourcil, vous tombez bien : je ne suis pas plus riche que vous, et ne sais plus où donner de la tête.

— T'as pourtant de l'imagination, toi, Blondin.

Vous voyez, lecteurs, que nous sommes en pays de connaissance et que le jeune élégant du faubourg Montmartre n'est autre que ce méchant gars, comme disait Pornic, qui avait un si merveilleux talent pour enfouir l'argent qu'il volait dans la paillasse des autres, et qui passa un si mauvais quart d'heure sur le pont de Montfaucon, ayant au col une corde neuve que mons Pornic avait fait faire tout exprès.

— De l'imagination ! de l'imagination ! c'est bon à dire, grommela le Blondin. Certainement il en a fallu pour mener le train que je mène depuis sept ans : je n'ai pas hérité, moi, j'ai eu quelques billets de mille francs que m'ont donnés la petite comtesse et ce gros Karnieuc, — voilà tout !... Ça s'use, l'imagination pourtant. Toi qui as eu près de dix mille francs de rente et un hôtel garni...

— Moi, fit Théo avec une philosophique insouciance, j'ai été tour-à-tour rentier, propriétaire, marchand de contre-marques, gérant d'un journal de modes, marchand d'habits, agent de police...

— Après avoir été un peu forçat...

— Oh ! misère ! j'étais innocent.

— Toujours, parbleu ! et vous voilà de nouveau dans la *dêche ?*

— Hélas ! c'est pour ça que je venais t'emprunter une dizaine de balles pour me rafistoler un peu... et puis te demander si tu n'aurais pas un peu d'ouvrage à me donner... tu sais que je fais tout asssez bien, l'enlèvement et le vol au mouchoir, et que, si la police m'a congédié, c'est comme trop honnête sans doute, et non pas qu'on se méfiât de mon mérite.

— Père Théo, mon bonhomme, je suis aussi enfoncé que toi, et si je te prête quarante sous...

— Donne toujours, petit.

— C'est à la condition, poursuivit le Blondin, que tu ne reviendras pas à la charge.

— Ingrat !

— Ce n'est pas de l'ingratitude, c'est de la misère. Par exemple, si tu me trouvais une idée, mais une idée vraie... là... quelque chose qui pourrait couver la signature de M. Garrat sur du papier jaune et du papier blanc, oh ! alors...

— Parbleu ! dit Théo, alors tu serais bien obligé de partager.

— Partager ? non... mais...

— Il n'y a pas de mais à cela; il faut être filou, mais honnête; celui qui invente a autant de droits que celui qui exploite.

— C'est juste, dit Blondin en souriant, mais comme tu n'as pas d'idée...

— J'en ai une, répondit flegmatiquement Théo.

— Et laquelle? s'écria le Blondin tout frémissant et les narines dilatées.

— Tu n'as plus de lettres de Karnieuc?

— Hélas! il a payé la dernière dix mille francs.

— Peste! le prix que met aux siennes une baronne véritable qui entre en dévotion et quitte ses deux amants. Eh bien! si j'en avais une, moi...

— Toi! tu aurais une lettre de Karnieuc?

— A ton adresse, mon fils. Un soir, il y a deux ans de cela, un soir que tu m'avais envoyé chez toi, je te la volai dans ton secrétaire.

— Quoi! dit sévèrement le Blondin, tu as ainsi trahi ma confiance!... A qui se fier?

— C'est juste, les loups ne se mangent

point entre eux; mais c'était pour te la rendre, ta lettre; et puis, songe : si je ne te l'eusse point volée, elle serait lavée depuis longtemps, tandis que...

— C'est bien, quelle somme veux-tu me la vendre?

— Dame! je veux être bon enfant et pas cher : cinq mille.

— C'est trop.

— Alors, mon petit, bonsoir.

— Reste, fit le Blondin, j'accepte. Donne la lettre.

— Non pas. Je veux une garantie.

— Laquelle?

— Tu vas m'écrire sur un bout de papier ces deux lignes : « C'est moi qui ai » volé en mil huit cent quarante-quatre » les diamants de la comtesse de Maucroix. » Ensuite tu signeras cela de ton vrai nom, et puis tu me le confieras en échange de ta lettre. Quand tu me payeras, je te le rendrai. Il faut être rond en affaires.

Le Blondin prit une plume, un carré

de papier, et écrivit d'une assez belle écriture la phrase dictée par Théo.

Celui-ci prit le papier et lui tendit en échange un chiffon jauni plié en quatre, dont le Blondin s'empara avidement et qu'il déplia et lut sur-le-champ.

— C'est bien cela, dit-il, le papa Karnieuc va financer.

— Et dire, murmura philosophiquement Théo, que ce méchant chiffon représente une quantité pyramidale de soupers chez Véfour, de gants glacés, de bottes vernies et...

— Et une martingale un peu soignée, mon vieux, fit le Blondin dont l'œil s'allumait. Ce soir, je pars pour Bade.

— Tiens ! c'est une idée ! emmène-moi.

— Viens si tu veux, mais je ne fais pas de moitié.

— Pourquoi ?

— Parce que je suis sûr de mon coup.

— C'est une raison.

— Et puis, il y a longtemps que je

cherche à m'établir et je puis fort bien rencontrer là-bas quelque baronne allemande de cinquante ans et millionnaire.

Le citoyen Théo s'inclina devant ce plan merveilleux.

— Reviens toujours ce soir, dit le Blondin.

— Si je t'attendais...

— Hum! fit le Blondin en jetant un regard détourné aux objets de quelque valeur qui garnissaient son appartement.

— Oh! dit Théo, qui comprit ce regard, je serai honnête avec toi. Sois tranquille, je ne vole point un confrère.

— Soit, attends-moi, je vais voir M. le banquier.

Et le Blondin fit une toilette minutieuse et sortit, laissant Théo étendu dans le voltaire qu'il abandonnait.

FIN DU DEUXIÈME VOLUME.

Coulommiers. — Imprimerie de A. Moussin.

A LA MÊME LIBRAIRIE, EN VENTE.

NOUVEAUTÉS :

LES AMOURS DE BUSSY-RABUTIN,

Par Madame la Comtesse Dash,

Revue piquante de la première moitié du dix-septième siècle, élégant reflet des Conteurs de Cape et d'Épée de la place Royale ou de la Chambre bleue d'Arthénice (roman complet en 4 volumes in-8°).—PRIX NET : 15 fr.

FRANCINE DE PLAINVILLE,

Est une de ces études de la vie intime et de bonne compagnie, comme Madame Camille BODIN seule a le secret de les tracer.

Ouvrage complet, en 3 volumes in-8; — PRIX NET : 12 fr.

LA TULIPE NOIRE,

D'Alexandre Dumas père,

Renferme un des récits les plus drôlatiques, les plus poétiques et les plus attendrissants à la fois qu'ait jamais commis la plume de notre grand romancier.

Ouvrage complet, en 3 volumes in-8; — PRIX NET : 13 fr. 50 c

JEAN ET JEANNETTE,

De Théophile Gautier,

C'est-à-dire Watteau, Boucher et Crébillon fils; les Bergères à chignons poudrés et les Bergers en chemises de batiste, les talons rouges, les camaïeux, les glaces dauphines : en un mot, le dix-huitième siècle dans sa plus coquette afféterie, dans sa toilette la plus mignonne, et par-dessus tout cela, ce tour naïf, ce style brillant, cette allure primesautière de l'esprit qui ont conquis à M. THÉOPHILE GAUTIER une place si élevée parmi les littérateurs contemporains

Ouvrage complet, en 2 volumes in-8; — PRIX : 9 fr.

LES DEUX FAVORITES,

SUITE ET FIN
D'ÉSAÜ LE LÉPREUX, par Emmanuel GONZALES,

Cet habile et dramatique Walter-Scott des Chroniques espagnoles.

Ouvrage complet, en 3 volumes in-8; — PRIX : 13 fr. 50 c.

Paris, Imp. de Paul Dupont, rue de Grenelle-St-Honoré, 45.

www.ingramcontent.com/pod-product-compliance
Lightning Source LLC
Chambersburg PA
CBHW050757170426
43202CB00013B/2464